練習好心情

讓人際關係和工作
都順遂的八十八個小習慣

MAYUMI ARIKAWA
有川真由美——著
張智淵——譯

いつも機嫌が
いい人の
小さな習慣

仕事も人間関係も
うまくいく 88 のヒント

序言

有川真由美

改變人的是，小習慣的力量。
我們每一瞬間所累積的話語和行動，都會逐漸變成習慣。
本書中，網羅了成為總是心情愉悅者，任誰都能輕易做到的小習慣。

「總是心情愉悅者」是指，有著讓內心開朗習慣的人。
那些微不足道的小事，

外出時，忽然仰望天空。
感到焦躁時，就做深呼吸。
如果感動，就盡情形容那種感覺。
若是感到壓力，就心想「欸，隨它去吧」，卸下肩上的重擔……
讓心情稍微變得積極，或者變得輕鬆。

我不知從何時起，也忘了是怎樣的契機，每天早上反覆著「起床時，就整理床鋪」這種習慣。

然而事實上，我是個懶散的人，經常覺得「好麻煩，不要摺被子了吧」，但是當變成規則，身體自己就動了起來。有趣的是，我發現越是想要偷懶的時候，如果動手去做，往往心情越好。

心裡會覺得「做完了一件事——好，動起來吧！」變得神清氣爽，開展新的一天。

完成這些芝麻小事，會令人感覺正在開創新的一天。
不可思議的是，若是養成一個好習慣，其他行動也會逐漸改變。
你會覺得自己變成了從容的人，而下意識地自然就採取行動。
習慣的力量經常骨牌式的帶來好結果。
即使不是一下子就逆轉勝，但是時時刻刻試圖朝光明的方向前進，光明就會慢慢地確實靠近。
假如你確實執行本書中所列舉的習慣，反覆實行，就會有下列效果：

- 能心情愉悅地度過每一天。
- 能夠正視每一瞬間的喜悅和幸福。
- 不再因為無謂的事而心浮氣躁、悶悶不樂。
- 對自己有自信。
- 能夠以從容的心情，對待身邊的人。

・變得迷人，給人開朗的印象，人和機會聚集而來。

小習慣不只會改變人，還具有改變人生的力量。

話說，習慣具有「如果不是小事，就不會持續」、「如果沒有快感，就不會持續」這種特徵。

之所以無法擺脫壞習慣，也是因為它有一點「快感」。然而，那伴隨罪惡感和自我厭惡，應該不會太愉悅。

接下來展開的習慣，比起快感，請一面感受「心情愉悅」，一面持續。

「變成習慣的訣竅」如下：

①試著從現在能夠馬上做的簡單事做起。

②徹底感受「心情愉悅」。

③決定哪種時候，將什麼做為契機。

為了持續，請不要一次做許多事。

請從本書中覺得「這個應該做得到！」深有所感的事情開始做起。

接著，請徹底感受心情愉悅，像是「啊——好痛快」、「心情變得輕鬆」、「自己是相當好的人」。

另外一點，為了變成習慣，重要的是決定何時、在哪裡、將什麼做為契機。像是早上起床時、遇見人時、心浮氣躁時、用餐時、回家時……，心想「這種時候，就這麼做吧」，決定自己的規則，那就會變成改變自己的小「觸媒」。

一開始是人養成習慣，然後習慣會逐漸打造人。

不妨姑且決定能夠從今天就做起的簡單習慣，試著做看看吧。

如果能夠因為本書，你的行動有所改變，你的每一天變得更明亮一些——身為作者的我，將感到無比喜悅。

目錄

Chapter 1
改變未來的小習慣

Chapter —2—

消除莫名不安，受到金錢喜愛的習慣

Chapter
—3—

能夠與人溝通，工作變得順利的習慣

Chapter
—4—

能夠整理情緒，開心度日的習慣

Chapter
—5—

設定終點，思考路程，擬好計畫的習慣

Chapter 6

改變使用時間的方式，打造幸福時光的習慣

CHAPTER 1

改變未來的
小習慣

01

越是雨天，越要笑著度日

晴空萬里的日子，光是天氣好，心情就會變好。

相反地，如果早上起床就見到下雨，或許就會心想「啊——不想去工作」、「感覺衣服和鞋子會弄濕」，心情變得鬱悶。

可是，越是這種令人鬱悶的日子，心裡越要想著「這樣也好」，試著露出微笑，而且要盡量笑著度過一天。

我實踐這個習慣之後，也就喜歡上了下雨。我喜歡淅瀝瀝的下雨聲和雨水的氣味、喜歡五顏六色的雨傘、喜歡被雨水濡濕的花朵、喜歡在雨天讀書和兜風……，我能夠發現令自己開心的事物，心情愉悅地度日。

同樣地，不只是發生好事的時候，記得心情鬱悶時，越要笑著度日，讓煩躁不安、低落的情緒平靜下來，心想「欸，也罷」轉換成開朗積極的心情。

笑容是讓自己變得幸福，最簡單的「技術」。

而且笑容有著能夠讓人稍微變得幸福的魔法。和身邊的人的關係不睦時，若能笑著與人相處，越會消除芥蒂。

家庭中或職場上若有人總是笑容可掬，應該會讓人心情放鬆許多。

面帶笑容的人比起身穿昂貴衣服、用心妝扮的人，看起來更有魅力，身旁的人會感受到他的開朗、和善、從容，令人想要和他接近。

人們往往希望成為被稱讚「笑容好美」、帥氣的「大人」，不是嗎？

不是因為幸福，所以流露笑容；而是因為面帶笑容，所以幸福降臨。

02

打招呼時，身體要面向著對方

既然要打招呼，那就要恭敬地去做。

除了笑著對對方說話之外，要記得整個身體要正面朝向對方，並且看著對方打招呼。

能夠「整個身體」正面朝著對方的人，我發現竟意外地少。像是趕時間時、坐在辦公桌工作時，即使對方向你打招呼，常常也只是看對方一眼——甚至連臉都沒有轉向對方，對方一下子就能看穿你有沒有心意。對方會覺得你好像在說：「我對你不感興趣。」

將身體轉向對方既不花時間，也不麻煩，但若是能夠「好好地」跟人打招呼，給人的印象就會截然不同。

打招呼不是單純的禮儀，而是在傳達「我認同你」這種尊敬或關愛等

「心情」的訊息。

每一個人都有「想被認同（尊重）」的需求，如果獲得別人的認同，除了自己會開心之外，也會善意回敬對方。

光是好好打招呼，對方就會覺得你是「好」人，提升對你的評價，或者出現替你加油的人，這種案例所在多有。

無論是無法主動積極說話的人，或者不擅長交流的人，如果有「恭敬地打招呼」這個強而有力的武器，就能牢牢抓住對方的心。

對話應該經常始於「今天天氣真好」這種話。

知道打招呼的重要性的人，對每一個人打招呼都不會馬虎。

恭敬地打招呼是交流的第一步。

03

越是親近的人，越要說「謝謝」

我們是否有好好地說「謝謝」呢？

明明對長輩或特別的人會一再道謝，或者傳送內容恭敬的致謝簡訊，但是你是否無法對最親近的人說感謝呢？

身邊的人太過親近，反而經常讓我們對他「視而不見」。可是，理所當然在身邊的人，卻正是最支持我們、最該感恩的人。

「道謝」給予我們檢視容易在無意間忽視的事情的機會，讓我們意識「這件事並非理所當然」、「這個人的存在令人感激」。如果忘了感恩的心情，對待這些重要的人的態度就會變得蠻橫，或者抱怨東、抱怨西。

怯於鄭重道謝的人，受到別人的小恩惠時，不妨也養成說句「謝謝」

的習慣。

「謝謝」是一句用來向對方傳達感謝心情的話語，也是用來潔淨自己心靈的「咒語」。

心情低落時、感到憤怒時，若是獨自呢喃感謝的話語，心情就會不可思議地平靜下來，意識到遺忘的喜悅和恩惠。

有家人、有工作、能夠三餐溫飽、誕生在這世上、明天來臨……，天底下沒有一件事是永恆不變、理所當然的。如果能夠感謝這種「奇蹟」，我們永遠都能覺得幸福。

說句「謝謝」，感受當下身在此處的幸福。

04

馬上調查陌生卻感興趣的事

某位男大學生在用餐時，看著菜單問我：「Grappa是哪種酒呢？」

「不曉得。我對酒一無所知……」

這時他馬上用手機搜尋「啊——原來是義大利的蒸餾酒呀（一臉滿足的表情）。」

「馬上就查很棒。你總是這樣嗎？」

「是的，因為好奇。不過，盡是增加一些沒用的冷知識。」

他面露苦笑，但我覺得那種對一般人認為是冷知識的事感興趣的習慣、想要獲取知識的習慣很棒。

許多人為了工作、準備考試、或背英文單字等目的而尋求知識，但是對於偶然遇見的不知道的事情，卻是置之不理。

然而，「明白原本不知道的事情」這種「快感」是人類純粹的喜悅啊，越是尋求知識，越會滿足於「原來是這麼一回事啊！」、「哇——真有趣！」這種快感。

如同孩子頻頻發問「為何？為什麼？」，充滿好奇心，我們大人走在街上時、看電視時、和人說話時，內心應該也會湧現「這個是什麼？」、「什麼意思？」、「為什麼會這樣？」這種疑問。

解決疑惑的方法有百百種，除了調查之外，像是自己思考、請教別人等，有時候或許不會立刻出現答案，但最重要的是，要持續抱持好奇心，持續尋求答案。

「馬上動手查」的習慣能豐富我們每天的生活及人生。

明白原本不知道的事情很棒，而且令人心情愉悅。

05

覺得不會使用到的物品，請在三秒內丟棄

無法斷捨丟棄物品的人，要以「（物品）能否使用」做判斷。能夠斷捨丟棄物品的人，要以「（自己）是否使用」做判斷。

也就是說，兩者差別在於以「物品」或以「自己」為中心思考當判斷標準。

物品只要不丟棄，就會不斷增加。於是，為了物品費神的情況也會增加。舉例來說，若是衣服變多，衣櫃的空間就會被占據，而且還要花時間和工夫保養和選擇……。

能夠斷捨物品的人，總是優先思考自己「處於哪種狀態」最舒適。

一旦物品減少，進入視野的物品就會減少，因此心情會變得輕鬆。只被中意的、需要的物品包圍，令人感到舒服；倘若要尋找、選擇也輕鬆，物品可以隨找隨到，彷彿一喊「你在哪裡？」，物品就會回應「我在這裡」。物品不是越少越好，而是要有每個人的「適量」。

我為了維持舒適，訂下了「如果覺得不會使用到，就在三秒內丟棄」的規則。郵筒裡的傳單、抽屜深處的筆、冰箱裡過期的食品等，發現的當下，我每次都會立即丟棄。反覆這麼做之後，就會知道自己需要的物品和喜歡的物品是哪些，而減少購物的行為。

斷捨丟棄不用的物品，不必覺得「浪費」，感到罪惡。不使用放著才是一種沒有愛的行為——這和無視一樣。感謝完成任務的物品，一一放手它吧。

逐一嚴選會使用的物品，會漸漸看清「自己」。

06

每天量一次體重

我從二十多年前，強烈地想要「變瘦」時起，「量體重」便成了是我每天必做，持之以恆的習慣。而我光是這麼做，體重就下降了，簡直不可思議。

如今的我不是為了減重，而是為了健康在量體重。

若是每天量體重，就會發現體重不會完全一樣，稍微上上下下。於是，就會知道自己攝取了哪種飲食會胖，像是因為吃了太多烤肉和白飯，所以重了零點五公斤，或者少吃會瘦。因此，會自然地去調整自己的飲食習慣，像是減少早餐和晚餐的量、盡量多走路。

另外，量體重這個方法也是製作過幾十本減重書的編輯讚不絕口，認為唯一能夠持續且有效的習慣——凡事重要的是，不受挫的持續力。

除此之外，這個習慣也提醒了我：

「正視現實」→「稍微留心」→「一定會出現成果」。

重點是，一開始「正視現實」的勇氣。

減重不順利的人會說：「我不敢面對現實，我已經好幾年沒量體重了。」我很瞭解想要逃避現實的心情，但是只要認清「現在的自己就是這樣」，坦然承認理想與現實之間的差距，自然會採取行動，尋求突破。

如果有了成果，就會變得有自信，並且產生勇氣，良性循環。而這份自信會在日常生活中，帶給自己各種勇氣。

相反地，我也瞭解「如果疏於量體重，結果也會擺在眼前」。

我親身實踐的習慣告訴我，一切都有「原因」，而產生了「結果」。

重要的是，正視現實的勇氣。

07

嘗試和平常不一樣的事

為了總是心情愉悅，過著令人雀躍的生活，最立竿見影的方法之一是「嘗試和平常不一樣的事」。

舉例來說，若是回家時試著走和平常不一樣的路，繞一下遠路，說不定就會發現不知道的店，在那裡遇見美好的事物。

若是和平常不同的同事吃午餐，說不定就能聽到有趣的資訊。

若是嘗試和平常不一樣的方式，說不定就會發現更有效率的方法。

除此之外，試著吃和平常不一樣的食物、聽不一樣的音樂、買不一樣的洗髮精、假日採取和平常不一樣的方式度過，說不定會有新的感受。

我每年都會買不同種類的記事本（但是講究易用性和圖案）。散步時、外食時、旅行時，我會反覆去最愛的地方，但是我也會以冒險的心情，去新的地方。

光是試圖那麼做，就會單純地感到雀躍，心情為之一變。心血來潮時，嘗試和平常不一樣的事的習慣，會對內心產生一點小刺激，機會會增加，而且會意識到更多新的事物。

人對於熟悉的行動會感到安心。可是這麼一來，只會以相同的感覺接收相同的資訊——不，感覺會越來越遲鈍，變得單一。

「嘗試和平常不一樣的事」的另一個效果是，察覺到目前所在的地方的價值。就像旅行之後，會對平時的工作感覺新鮮，或者意識到理所當然的可貴——我們是在進行和平常不一樣的體驗同時，下意識地確認自己的世界。

只要稍微試著改變行動，看到的景色就會改變。

進行和平常不一樣的行動，會拓展自己的世界。

08

記得吃「八分飽」

八〇年代後期，一位精力充沛的量產作家教我的習慣，就是「吃八分飽」。我們一起外食時，有說有笑，他會慢慢進食，吃到一定的量之後，他就會說「我不吃了」，放下筷子。無論當下還剩下多少菜餚，他都會結束用餐，然後喝咖啡或茶。

如同古人說的「吃八分飽不必看醫生」，八分飽能夠防止疾病發生，也有延緩老化、養顏美容的效果……，我聽說這也是長壽者共通的習慣。

我開始實踐吃八分飽之後，最大的益處是身心變得輕鬆。如果心裡想著「必須抑制食量」，就會變成壓力；但是如果心想「盡量少吃，以免不舒服」，就能持續。

沒錯，吃太飽不太舒服。

你有沒有吃到肚子快要撐破，感到消化不良、全身倦怠，或者昏昏沉沉的經驗呢？一旦吃太飽，腸胃就會太操勞，血液和能量集中到腸胃。而且如果經常認為自己「又吃太多了」，罪惡感也會不斷隨之而來。

吃八分飽是指，不會感到痛苦、沒有罪惡感的用餐。如果感到舒服的「飽足感」就停止用餐，身體和腦袋都會靈活運作。

若要實踐吃八分飽，有細嚼慢嚥、單純品嚐食物的美味、每吃一口就放下筷子等方法，但是建議一開始就決定吃的量。在自己家裡，只盛裝適量。外食的情況下，第一時間發現食物的分量太多時，動筷子之前就決定只吃八成，進而漸漸變成「用餐重質不重量」的思考方式，如此下來，飲食生活反而會變成富足。

吃「八分飽」是指，不會感到痛苦、沒有罪惡感，舒服地用餐。

09

經常仰望天空

你一天會仰望天空幾次呢？

是否有人從不曾想過這件事，或者「忘了」仰望天空呢？

我因為眼前的事，忙得不可開交，度過忙碌的每一天時，也是如此。

可是，我決定那種時候，更要仰望天空。

早上睡醒時、晾衣服時、從家裡或辦公室外出時、工作休息，喘一口氣時、黃昏時、月亮和星星出現時……，每次都會看見不同的天空，季節更迭，有一種「小感動」。

雖非大感動，但會單純的覺得「天空好澄淨」、「已經是積雨雲出現的季節了」，就連像是毛玻璃的陰鬱天空、像是在哭泣般下雨的天空，也別有一番情趣。而若能看見美麗的彩霞，或者出現彩虹的天空時，感覺更是賺到了。那種小感動的累積會一點一滴地滿足內心。

眺望著天空，吁一口氣，全身放鬆，連原本煩惱的事也會自然而然地覺得「欸，算了」。

匆匆忙忙時、心浮氣躁時、悶悶不樂時，人大多低著頭，內心的視野也變得狹隘，容易看不見身邊重要的事、重要的人，若是物理性地拓展視野——伸展身體、放眼眺望，內心的視野也會開闊。

縱然不見得隨時都有好好接觸大自然的機會，但我們的頭頂上總有一片遼闊的天空。

天空綿延至世界的盡頭，亙古不變，平等地存在於每一個人的頭頂上。光是仰望這種偉大的事物，就像內心對上大自然的頻率似地，心情會平靜下來。

「仰望」是一種不讓大腦思考討厭的事的方法。

10

盡情表現出感動

因為小事而感動，並且流露出感動的人，會令人覺得「和這種人在一起，很愉快」。

有的人驚訝時，會像搞笑藝人般的反應，誇張的表現：「咦！那是什麼？我不知道耶——」，和這種人在一起，會不由得感到開心，越聊越起勁。

有的人用餐時，會像美食記者般，說：「哇啊，這個味道令人欲罷不能耶！」，表情豐富地流露喜悅之情，和這種人在一起，美味也會倍增。

「擅長感動」的人看到花開，會說「哇——好美！」；聽到新奇的話，會覺得「太有趣了」；工作順利，直呼「真是太好了！」，立刻就說出感動。這種人不是為了別人，而是為了「自己想要感動」而感動。

因為捕抓到小感動，將它說出口，使得心情愉悅。

相反地，無論聽到什麼、吃了什麼、看見什麼，都毫不感動的人，以及即使感動也不表現出來的人，不管怎麼看——都像是心情不好。

此外，那種經常說「這道菜差強人意……」、「內容好無聊」的人，很容易就讓氣氛變得尷尬。

若要成為「擅長感動」的人，建議你做這三件事：不斷將感動化為語言，讓笑容和驚訝等表情變得豐富，以及加上手勢。

舉例來說，說「太好了！」表現出喜悅時，加上「太棒了」、「好厲害」、「今天是好日子」等錦上添花的話語，並露出燦爛的笑容。此外，不妨再加上「手」的動作，譬如拍手、擺出勝利姿勢，或者雙手揮舞等。

如此一來，你應該就會是個「擅長感動」的高手了。

若是將感動說出口，自己和身邊的人都能變得心情愉悅。

11

刻意緩慢且用心地行動

若是想用心品味人生，就要記得「用心」行動。

如果一舉手、一投足都用心，行為舉止中自然蘊含心意。每一瞬間的時光也會變得充實。

舉例來說，泡一杯咖啡時，若是覺得「啊——真麻煩」，隨便沖泡，那麼你在感受上會覺得這件事既不有趣、咖啡也不怎麼美味。

但若是你記得「緩慢」且「用心」地泡咖啡，心情就會自然平靜下來——無論是泡咖啡，或者喝咖啡，都能慢慢享受。

現代人的生活經常被許多雜事追著跑，凡事容易想要迅速「解決」。可是偏偏那種時候，疏失會變多——這是因為心急，腦袋的運作和手部的動作跟不上。所以要記得用心地行動，如此才能拉近身體與思想（想法）的速度。

著急時，如果用心，事情會做到最好，身心也不會疲憊。

覺得「我做事或許很草率」的人，請記著先緩慢且用心地行動一週。

你應該會感受到變化。舉例來說：

- 緩慢且用心地用餐，餐點變得美味。
- 緩慢且用心地說話，和對方的關係會變好。
- 緩慢且用心地走路，會有新的發現或靈感。
- 緩慢且用心地工作，疏失會減少，變得有效率……諸如此類。

每一瞬間的優美動作會打造出美麗的時光與人生。

若是緩慢且用心地行動，身心就會合為一體，能夠做出優美的動作。

12

端正姿勢，做深呼吸

我們會本能下意識的呼吸。然而，若是重新觀察「自己怎麼呼吸」，是否會意外發現有許多人呼吸很淺呢？

但只要你一天刻意做幾次「深呼吸」，身心就會產生變化。

冥想、正念、瑜伽、氣功、打坐……，生活在壓力社會的現代人會以各種方法，調整內心的狀態，但共通的是「調整姿勢和呼吸」。「調身」、「調息」、「調心」是冥想的基本，如果調整紊亂的姿勢、紊亂的呼吸，紊亂的內心自然就會調整過來。

緊張時、焦躁時，你是否會像是要自己「冷靜下來」，而大吐一口氣呢？那是下意識的試圖調整內心。即使不花時間冥想或打坐，做深呼吸就能輕易地獲得接近它們的效果。

不過，如果要做，建議以更有效果的方法去做。重點是：

- 挺直背脊，端正姿勢，慢慢吐氣，直到沒氣（氣全吐出來）為止。
- 從鼻子吸氣，嘴巴吐氣（吐氣的時間要長）。
- 吐氣時，讓腹部凹進去；吸氣時，讓腹部鼓起來（採用腹式呼吸）。
- 意識要專注於正在呼吸的身體狀態（如果想到其他事情，要將它擺一邊）。

只要反覆做個十次，應該就會感覺到放鬆。習慣之後，身體的血液和水分會遍及手指、腳趾和腦袋，感覺到身體變熱。像是瞑想一樣，專心做深呼吸五分鐘、十分鐘之後，也有人會覺得自己不再容易心浮氣躁、肌膚變得漂亮、手腳冰冷改善了。

你覺得如何？有怎麼的變化呢？請一面持續，一面期待。

要調整姿勢、調整呼吸、調整內心。

13

起床時，就整理床鋪

若是起床之後，馬上整理床鋪，無論是外出時，或者回到家時，心情都會很好。

撫平床單的皺摺，拍鬆棉被，拍一拍被壓扁的枕頭，讓它恢復原狀，放在固定位置……。只要一、兩分鐘，心情就會變得舒暢。

我為了排出汗水等濕氣，會將棉被對摺三十分鐘左右，無論如何，看到摺得整齊的棉被，原本想睡的腦袋就會清醒，心想「好，展開活動吧」，開啟一天的開關。

晚上鑽進整理得整齊的床鋪那一瞬間，有一種無法言喻的幸福感。換作亂七八糟的床鋪，心情應該會變得煩躁。

早上整理床鋪的習慣，有更深一層的涵義：縱然是簡單的事，每天持續就會累積「小成就感」。

前美國海軍上將威廉・麥克雷文在母校——德州大學的畢業典禮演講時說：「如果想要改變世界，就從鋪床開始。」，演講內容受到關注，網路的瀏覽數破一千萬次。

「如果能夠每天早上鋪床，那麼，每一天的第一個任務就完成了。如此一來，就會獲得小小的自豪和邁向下一個任務的勇氣。」

這句話告訴我們，早上的「小成就」會變成自信和勇氣。而若在一天內達成許多事，它們不知不覺間，就會累積成大成就……。

鋪床這一件事會提升一天的品質，也會提升人生的質量。

再大的成就也是小成就匯集而成。

14

等電梯和等結帳時，說「你先請」

許多人在等電梯和等電車時，會爭先恐後地推擠，但是如果有人說「你先請」，讓你先搭乘的話，內心就會感到一陣暖意。

習慣禮讓別人的人，會讓人感到心情愉悅，但其實他們知道這麼做，自己會更加心情愉悅。

我在超市的收銀台等結帳時，對後面只買一瓶礦泉水的女高中生說：「妳先請。」高中生一臉驚訝的表情說「可以嗎？謝謝！」，數度鞠躬。因為這種小事被感謝，感到心情愉悅，我心想「我才要謝謝妳！」。

沒錯，「你先請」看似為了對方，其實是為了自己。因為如果心想「是我比你先來的」，一心只想到自己，個人本位，只會覺得不快。

職場上也會發生意見衝突的狀況，譬如想要在同一個時間點休息，而家人間也會產生譬如在同一個時間點想看不同的電視節目等。生活中經常發生衝突，如果彼此互不相讓，氣氛就會變得有些緊張。

但如果說「你先請」，禮讓對方，對方也會說「謝謝」，笑著道謝。縱然對方沒有感謝你，自己心中也會略感自豪。

並非凡事禮讓即可。但若是能反覆做到「能夠禮讓時禮讓」，當遇到「無論如何，都不能退讓」的重要時刻時，或許就能獲得對方禮讓。

盡量減少不能退讓的事，心情也比較輕鬆。

要不斷試著禮讓陌生人、身邊的人。

能夠禮讓的人，看起來帥氣、從容。

15 以直覺挑選菜色

說到以直覺挑選，好像很隨便，但其實直覺是最準確的判斷力。挑選菜色時，心想「啊！我想吃這個」，直覺認為的事八成是「真心」想要的東西。

若是心想「不，等一下，或許推薦的菜色比較好……」，花時間挑選，「思緒」就會跳出來主張「划不划算呢？」、「別人吃什麼呢？」、「人家會怎麼想呢？」，而忽略了自己內心的滿足。

因為「內心（直覺）」和「思緒」會思考不同的事，所以人會走錯路。無法相信直覺的人，會想要確切的判斷材料。

因為直覺是「靈光一閃」、「沒來由地那麼覺得」，無法以道理解釋，所以無法相信它，不斷向外尋求答案。

然而，我們獲得幸福的選項存在我們心中。

像是來自祖先的ＤＮＡ、從出生到現在為止的經驗、過去幸福的事、過去危險的事等，基於所有大數據，告訴你「這個好！」。

即使不記得，我們心中也輸入了大量的數據。

李小龍有一句名言是「不要用腦袋思考，要用心去感受。」他或許是想要傳達「你的內心深處知道該做什麼才好」。

下重大決定時，像是決定工作、買房子或買車時，往往想要慢慢地慎重選擇，但是據說一開始覺得「這個好」的事物，滿意度較高。

不過，直覺難免會錯——畢竟有時候輸入也會有錯。

首先，請以直覺選擇日常的小事，純粹地享受這麼做。

重視直覺也是重視自己真實的心情。

直覺是讓我們獲得幸福的訊息。

16

先做再說

我至今做過五十多種工作，在日本國內外輾轉搬遷生活，常常有人對我說「你真有勇氣」，或者挖苦我「不知道自己想做什麼」。但是，我並非有勇氣，也不是心猿意馬，只是遇到機會時，總心情雀躍的——先做再說（嘗試看看）。

「先做再說」並非「無論如何都要產生結果」、「這是背水一戰」，其中具有「選項多的是」這種輕鬆感。

我之所以持續作家這份工作十幾年，是因為做過種種工作，終於找到了能夠對某些人有幫助的工作而感到喜悅，以及「想要試一試自己能夠做到什麼地步。」

也就是說，一切都是反覆的嘗試，而後確認結果。

無論是工作、嗜好、學習、運動、旅行、戀愛、結婚……，不必做自己不想做的事。但是遇到感興趣的事，我建議你不要害怕，先做再說。偶爾被指派不想做的工作時，先做再說，工作或許也會變得有趣，或者有新的發展。

如果行動，就會與人相遇，有機會。

縱然進展得不順利，那也不是「失敗」，而是寶貴的「經驗」、「學習」。若是這種堪稱「實驗數據」的經驗值增加，就會不斷發現進展順利的方法，也會漸漸知道自己喜歡什麼、討厭什麼。

不管再怎麼上網搜尋，或者聽別人說，沒有做看看的事情就不會知道「那是怎麼一回事」、「對於自己而言，具有哪種價值」。

最重要的是，試著做過之後，才能度過沒有後悔的人生。

透過嘗試、確認，「自我」會逐漸形成。

17 心情愉悅地活動身體

許多工作能力強的商務人士都在鍛鍊身體。

其理由五花八門，像是每天都有成就感、自我肯定感提升、能夠變瘦、有益健康、專注力提升、變得受到男女歡迎等，我深深覺得最重要的理由應是這一個：若是身體健康，內心也容易變得健康。

應該有許多人切身體會到「身」、「心」息息相關。

舉例來說，在沒有體力的狀態下，無論再怎麼想要擁有強大的意志，也力不從心，應該會因為一點小事就意志消沉，堅持不下去。相對地，一旦有壓力，也經常導致身體不舒服，引發嚴重的疾病。

我去到山村，看到七十多歲、八十多歲的高齡者腰腿有力、精神抖擻。他們笑著說：「（每日）拿著割草機割草，病痛彷彿都被風吹走了。」健朗的身影和自如的身軀，我感覺到他們連內心也很喜悅。

現代人經常伏案工作，對身體而言，是不自然的環境——我總覺得現代人因此越來越常心浮氣躁、情緒低落。

就算不上健身房、慢跑，做自己覺得「心情愉悅」的事情即可，像是散步和做體操、伸展。

總之，如果有活動身體的習慣，也容易發洩壓力，心情也會變得放鬆。這麼做會促進血液循環，能夠熟睡，而且能夠維持體力。

我也工作了幾十年，我領會到最重要的不是技術，也不是精力，而是體力。

無論要做什麼，首先要有體力。

18

在沒人在看的地方做好事

從前的人常說「就算沒人在看，老天爺也在看」、「廁所有神明，如果打掃，女人就能變美」。

有不少發光發熱的藝人和商務人士，除了自己家之外，在外出地點也會暗中勤快地打掃廁所（編按：如廁後隨手清潔，保持環境乾淨）。

也有人說：「我之所以成功，是拜打掃廁所之賜。」

「在沒人在看的地方，默默做好事」這種習慣確實具有神奇的力量——不，這不是傳教的內容——因為即使沒有人在看，「自己」也睜大眼睛看著。自己做了什麼，所有資訊都會輸入內心，清楚明白「自己是這種人」。

不是因為別人在看，而是「在沒人看到的地方，默默地做」，這麼做有一種小小的爽快感，而且會成為小小的成就感和自豪，你也不會忘記做人要謙虛、要腳踏實地地努力。

若是累積這種人品值，自然地選擇自豪的選項，我總覺得無論做什麼時，都會順利。身邊的人也會聚集而來，力挺你。

即使沒人在看，若是做小小的好事，像是撿垃圾、將別人的鞋子擺整齊、將遺失物送到警察局等，就會感到心情愉悅。相反地，若是因為沒人在看，就做出違背良心的行為，像是把垃圾丟在路邊、工作偷懶、將撿到的錢占為己有等，罪惡感就會如影隨形，做出沒自信的選擇。

自己的內心狀態會招來好的結果和壞的結果，若以人生這個漫長期間來看，這種因果報應的法則一目瞭然。

沒人在看時的行為會反映在人生中。

19

誇獎自己

我們好像有一種否定自己的壞習慣。

一天之內，會在心中指責自己的缺點好幾次，像是「那樣不行吧」、「為什麼做不到呢？」、「你總是這樣！」等。

儘管如此，卻鮮少有「誇獎自己」這種習慣。

但如此一來，就像老是挨罵的孩子一樣，會喪失自信。

為了相信自己，為了心情愉悅地度過每一天，比起「尋找自己的缺點」，更要「找尋自己的優點」，來誇獎自己。

就像讚美別人一樣，若是誇獎自己，像是「做得好！了不起」、「你真是個大好人」，不可思議的是，就不會再心浮氣躁、悶悶不樂。

因為自己誇獎自己，所以即使沒有被別人誇獎也沒關係，就算受傷，也能迅速地重新振作起來。自然做出誇獎自己的行為時，也會發現別人的優點——誇獎自己的效果遠比想像中強大。

不習慣誇獎自己的人可以在一天結束時，從小行動開始，像是「今天做到了○○，真努力」、「自己主動打招呼了，真了不起」等。

做到了愉快的對話、達成了小事、趕上了時間、做了努力、忍耐下來了……，任何事情都可以是誇獎的重點。

如果誇獎自己的性情「溫和」、「直率」、「豁達」，或者不順遂時，誇獎自己「光是挑戰了，就很厲害」、「因為你有能力，所以下次一定沒問題」，你就算是學會了「誇獎自己」。

養成誇獎自己的習慣後，就像是獲得了一支鼓勵自己、療癒自己的啦啦隊。

若是誇獎自己，就會越來越喜歡自己。

CHAPTER 2

消除莫名不安，受到金錢喜愛的習慣

20

以進帳的錢生活

你知道自己每個月起碼要有多少錢才能生活嗎？

消除「擔心將來沒錢……」這種煩惱的第一步，就從這件事做起。

大多數人對於金錢的不安都是「錢不夠」。然而這大多是莫名的不安，只要遵守一個簡單的規則，就完全不用苦惱。

那個規則就是：以進帳的錢生活。

另一個重點是：不亂提升生活水準。

事先掌握「起碼所需的錢」，並不是要你「過最低水準的生活」，而是如果知道「所需金額（營運成本）」，就能擬定「計劃」。即使突然收入中斷，也能現實地考量「能夠以積蓄生活半年，所以在那段期間內要找工作」、「如果存款一年，就能去國外旅行了」等。此外，若是事先記住這個金額，就不會胡亂浪費。

於是，不僅會消除未來的不安，「該花則花」時，能夠把錢用在自己重視的事、喜歡的事，盡情享受把錢花在刀口上的喜悅。

「有多少就花掉多少」、「不經意就貸款」、「與人來往時忍不住裝闊」這種人，對於金錢的不安應該會一直揮之不去。

聰明又有格調的有錢人，生活意外地儉樸。即使收入增加，生活水準也不太會改變。縱然收入沒有變多，也會去做喜愛的事。

過著富足生活的人，不會購買昂貴的名牌貨，或者在不必要的事情揮霍金錢。因為他們深知金錢的重要性，所以也受到金錢喜愛。

在被金錢喜愛前，不妨先寫下每個月至少要支出的錢，列成清單吧。

知道金錢重要性的人，受到金錢喜愛。

21

不是「因為便宜」，而是「因為真的想要」而買

一旦發現比想像中更便宜、比平常更便宜的物品，就覺得「運氣真好」而不禁買下它。應該所有人都有過這種經驗吧？

如果是蔬菜、熟食等可以馬上吃掉的食物、一直想要的物品、日常需要的物品，確實是「運氣好」。可是，大多時候是「買便宜貨吃虧」——忍不住買了多餘的東西、便宜沒好貨、特價買的衣服堆在衣櫃裡一直沒穿……，自以為買到賺到，結果是買到吃悶虧。

你有時候應該也會後悔：「要是一開始就買好貨就好了。」

偏偏覺得「因為我沒有錢」、「因為我在節省」，想要避免在金錢方面吃虧的人，卻往往容易陷入這種模式。

思考時，必須兼顧預算，但是比起妥協，買三個便宜的物品，不如買一個真正想要的物品，這樣用起錢來，心情應該比較愉快。

不要被貴或便宜影響了決定，為了自主的選擇物品，最好先列下「我的原則」：

- 基於「自己非常喜愛」的觀點，去選擇物品。
- 列出「想要的物品清單」，但只有「需要」時才去購物。
- 真正想要的物品毫不妥協——有錢再買。
- 看到降價品要思考「如果是原價，是否也想購買呢？」如果猶豫，就等一晚後再做決定。
- 不將不會使用到的物品放在家裡或衣櫃裡。

如果「嚴選」放在身邊的物品，就會告別「亂買便宜貨」這種行為。

比起「價格」，更要將自己的「喜好」做為判斷標準。

22

以令人雀躍的「目的」存錢

據說存錢的目的中，最多的是「就是覺得該存錢」這種理由。為了將來做準備很重要，但若是沒有目的，是否就很難存錢，或者就算存再多錢，也仍然感到不安呢？

善於存錢、用錢的人們比起存款的「金額」，更意識其「目的」。

除了養老金、孩子的學費等「安心存款」之外，他們在存「令人雀躍的錢」——光是想起來就會開心。像是想買中古的公寓重新整修、想去紐西蘭旅行、想開一家書香咖啡館，心情雀躍地描繪未來畫面。

因為他們知道，金錢是讓他們享受人生的「手段」——正因為有「目的」，金錢才有價值。

比起存款的金額，目的是更重要的理由之一是，如此一來，在存錢的這段期間就能夠一直心情雀躍。據說比起「獲得時」，人在「想要獲得時」，大腦會分泌更多愉悅物質，更加喜悅。

此外，意識目的為何，也比較容易發現實現它的方法。

舉例來說，比起「存一百萬圓去短期留學」，將目標單純設定成「去短期留學」，那些留學的資訊、可以邊留學邊獲得金錢等的資料，就會更容易蒐集得到。如此，搭乘國際航班實現願望的那一天，會比你想像中還要早完成。

如果有真心「想要實現這件事！」的目的，自然就會千方百計的去思考方法。而如果心裡一直存著「因為存不了錢，所以做不到」，那麼——永遠做不到。

有「目的」的存錢，會使人生富足。

23

為了「萬一」，事先做好準備

明明許多人對於將來的金錢感到不安，但是為了「萬一」做準備的人好像意外地少。

舉例來說，像是失去工作時、離婚時、生病時等，因為沒有事先做好萬一的準備，可能之後經濟上無以為繼。或許也有人認為：「這又不會發生——思考還沒發生的事也沒用。」

之前，我在台灣生活時，發現許多人認為「為了萬一，理所當然的事先做準備」，紛紛準備了保命符——這令我有些震驚——像是預防「失去工作時，還有其他賺錢的方法」、「即使離婚，也不會為了財產分配和贍養費而爭執」、「為了可能發生的疾病和事故而投保」。

我認為，事先思考自己在前進的路上，除了好事，也有可能會發生壞事，這是為了守護自己和家人的幸福所必須做的。

我經常旅行，所以會事先思考「萬一」發生時的對策，像是假如遇到扒手、假如受傷、假如電腦壞掉之類的，同時我也會擬定好避免「萬一」發生的對策。

於是，我會覺得「我做了我能做的事」，能夠安心地享受旅行。

真正的避險是指，為了避免任何的「萬一」發生，花金錢和時間，事先做好準備——這也是台灣人教我的。像是為了繼續在現在的職場工作，考取證照；為了讓夫妻的感情融洽，週末外出用餐；為了維持健康，每天走路等。

總是稍微抱持危機感，會產生和金錢之間的良好關係。

因為有危機感，所以能更珍惜與守護重要的事物。

24

錢要花在「經驗」，而不是「物品」上

我二十多歲、三十多歲時，除了生活費，錢幾乎都用在「經驗」上。像是去陌生的地方旅行、觀賞優異的畫作和照片、去見想見的人、挑戰新的才藝、品嚐沒有吃過的料理等。

因為體驗至今不曾看過的事物、不曾接觸過的事物，會產生令人欲罷不能的純粹「快感」。

四十多歲之後，更令我深深感到「能夠用錢真幸福」，不是購買稍微昂貴的物品時，而是當知性、好奇心被滿足時。

或許也有人覺得錢花在「經驗」這種「看不見的東西」上很浪費，覺得應該將錢換成物品、衣服或皮包等這種能夠留下來「看得見的物品」，才是有效的使用方式。然而，如今這個時代，沒有「能用一輩子」的物品，購買的物品的價值——只會越來越低。

但若是購買經驗，它的價值就會不斷產生。縱然是失敗的經驗，或者不記得，它也會存在自己心中，成為活下去的勇氣，或者賦予你學習、智慧、想像力和判斷力。

像是進行一趟旅行、看了一件作品、遇見一個人……，這些小經驗也經常讓人生變得非常戲劇化。

和家人或重要的人之間的回憶，也經常一再溫暖人心——因為「小經驗」總暗藏著無限的價值和可能性。

一旦購買經驗，就能不斷提升「自己的價值」。

25

投資自己

最近因為對年金的不安等，投資經常成為話題。然而，將來會產生最高報酬的投資標的，就是——你自己。

請以三年、五年、十年為單位，將金錢和時間「投資」在自己身上。那將會變成一輩子能夠使用的「資產」，產生出「新價值」。

舉例來說，假設學習硬筆字和書法，養成了「能夠寫出一手好字」這種技能，說不定履歷表會獲得好評，更容易就找到下一份工作。或者說不定因此在公司內部大受歡迎，上司會將書寫獎狀上名字與標語的工作交辦給你。

若是寫信或寫芳名簿的字漂亮，別人也會對你留下深刻的印象。

投資才藝數年，卻獲得了一輩子的「評價」。

如果精益求精，將來或許也能教人，用來「賺錢」。

如果看書，就能學習那位作者在那之前的人生中所獲得的「智慧」。

如果學習語言，就能和使用那一種語言的人交流、建立關係，獲得「資訊」。

如果學習彈奏樂曲，或許也能交到一起享受音樂的同好。

能夠提供的價值越大，越能讓人歡喜，投資的報酬也會變多。收入也可能變成二倍、三倍，甚至十倍。

不，我認為收入還是其次，「讓自己成長，讓別人歡喜」才是人生中最大的滿足，也是最大的報酬。

要讓別人歡喜，要先讓自己成長。

26 將錢包整理得整潔、井然有序

有些說法是如果想要提升財運，就用長夾、黃色的錢包，又或者錢包的價格是（自己）年收入的兩百分之一等，但實際上，有錢人好像不是如此——他們各自使用自己用起來方便、中意的錢包。

唯一的共通點是，錢包裡整理得整潔、井然有序。

不買多餘物品的人、擅長籌錢的人、確實儲蓄的人等，這些擅長與金錢相處的人的錢包大多整理得很清爽。

因此，即使不仔細記帳，也會心想「一週以這些錢生活」，做好預算；看到剩下的錢，調整使用方法，形成自己的「用錢方法」。

相反地，為錢所苦的人往往錢包鼓脹。像是為支付貸款所苦、揮霍金錢、不擅長與金錢相處的人們，錢包裡大多亂七八糟，不需要的收據和集點卡一大堆——應該也有人根本不知道自己的錢包裡有多少錢。

將錢包整理得乾淨而井然有序，是謹慎用錢、掌握金錢進出的態度。重視日常的金流習慣，會形塑出人生的用錢之道。

首先，要整理錢包，打造容易管理金錢的狀況。

「效法受到金錢眷顧者，整理錢包」的重點如下：

①揀選會使用到的信用卡和集點卡，放入錢包。

②每次拿到不需要的收據和優惠券時就馬上丟棄，或者定期丟棄。

③紙鈔按照面額，正反面排好，放入錢包。

光是這麼做，應該就會看清不經意用掉的金錢流向。

為了管理金錢，先從錢包的內容物「一目瞭然」做起。

27

不要說「沒錢」

為了你好，最好不要說「沒錢」這句話。

如果說「因為沒錢，所以我沒辦法參加聚餐」、「因為沒錢，所以我想要先請款」、「因為沒錢，所以我過著貧窮的生活」，身邊的人會怎麼想呢？

除非有特定的緣故，否則身邊的人應該會覺得你是個倒楣鬼吧。

你會被認定為是沒有賺錢和管理金錢能力的人，而且應該也不會再顧慮到你，邀你參加活動和聚餐。

「沒錢」這句話，會令你喪失別人對你的信賴和機會。

更重要的是，比任何人更清楚聽到「沒錢」這句話的人是你。

「自己是個沒錢的人」這種訊息會深植你的大腦。

至今再怎麼拮据的時候，我都不會說出「沒錢」這句話。有時候純粹是因為覺得說出來沒面子，或者不想讓別人顧慮到我的心情，但是就算手頭再緊，我也不想變成「為錢所苦的自己」。

如果完全撇棄「沒錢」這句話，又會如何呢？

「靠現有的錢也足以生活」、「如果有真正想要的東西，總會有錢」、「我能夠賺更多」……你會開始這麼想，實際上也漸漸變得如此，你能夠活得不受金錢束縛。

「沒錢」這句話會使你不自由，要將它視為惡魔的咒語，記得別使用它。

如果心裡認定「因為沒錢……」，就會受到金錢的擺布。

28

對進帳的金錢低聲道謝

錢進帳是一件令人開心的事，但是當每次領薪水或獲得獎金時，你心裡是否在想「這個月好少」、「這樣根本不夠」，心情變得消極呢？

若是對金錢抱持負面情緒，就不會受到金錢的眷顧，人生也會變得不如意喔。

無論得到的金錢是壹圓或十萬圓，都請在心中低聲道謝。

舉例來說，若是感謝薪水，就會意識到那不是理所當然的。

畢竟，如果雇用你的公司說「不需要你了」，或者你因為生病、受傷等緣故而無法工作，就無法獲得這份金錢。

近來，薪水不是以現金支付，而是透過ＡＴＭ或薪資明細表確認，因此或許少了「領到薪水（收到金錢）」這種真實感。

正因如此，對進帳的金錢心懷感恩的道謝更顯重要。「因為有薪水才能生活」、「因為有薪水才能夠買想要的東西」，切身感覺到喜悅的同時，也對自己的工作、對自己這一個月的努力，產生得到回報的心情。

但若感嘆「薪水怎麼才這麼一丁點」，等於是在感嘆「我的價值才這麼一丁點」啊。

若是有「每次金錢進帳，就心懷感恩道謝」的習慣，就會意識到它的「價值」。獲得金錢進帳的愉悅，也會成為「我要更加努力」的幹勁。

我曾聽說某位女劇作家會將一疊紙鈔放在眼前工作——若是意識到「如果努力，就能獲得這麼多錢」，應該也會速即鼓起幹勁。

對金錢的正面情緒會成為生活的能量。

工作獲得金錢，不是一件理所當然的事。

29

對花出去的錢也要低聲道謝

除了進帳的錢之外，對花出去的錢也要道謝，深深感謝它，目送它離去。

因為如果僅想著「錢又沒了」、「忍不住又買了」，抱持著失望感和罪惡感，那麼「金錢進帳是好事，金錢花出去是壞事」這種想法就會烙印在腦海中。

然而金錢原本就是為了使用而存在。使用金錢應該是令人感到喜悅，不是嗎？

在自動販售機買果汁時、在便利商店付錢時、外食消費付款時，請試著在心中低聲道謝。

第一天，「買了這個，很開心」的幸福感會油然而生。

接下來的幾天，縱然是一根胡蘿蔔，也會想著「能夠吃到當地產的有機蔬菜，令人感恩」、「它是許多人的心血結晶」，開始意識到它的「價值」。

若是持續低聲道謝一週左右，就會自然產生只買那些「令人感恩的物品」這種現象，不會再隨便購買那些不怎麼令人感恩的物品了。

「不經意的用錢」和「思考價值後用錢」，兩者有著天壤之別。

若是有對花出去的錢，心懷感恩道謝的習慣，活著的喜悅也會倍增。因為金錢會讓你意識到，目的不是為了獲得它，而是，正因為有它，用來連結價錢與價值，讓人獲得幸福。金錢發揮了令人感恩的「橋梁」作用。

金錢是將「謝謝」化為形體的東西。

30

為了別人用錢

捐款文化沒有深植日本，我想或許是因為人們對於為了陌生人，將金錢用於看不見的事物有所排斥。

自古以來，社區裡的人們會集資修繕寺院和神社，幫助窮人。如今，像是婚喪喜慶、年終贈禮、壓歲錢、母親節、情人節等，用在身邊的人身上的錢意外地多。即使這些行為變成了不成文的規定，但是看到別人喜悅道謝的表情時，會單純的感到開心，會切身感受到人與人之間的情誼。

據說在世界各地，出現了「比起為了自己用錢，為了別人用錢，幸福度會提升」這種研究結果，如果能夠為了多人的幸福有所貢獻，幸福也會變成好幾倍。

我一位在當高中老師的朋友說，每次舉辦班級對抗賽，他就會自掏腰包買可樂餅，款待大家。（一百二十圓乘以四十人，等於四千八百圓日幣，約莫新台幣一千二百元）看到肚子餓的高中生們大口吃著可樂餅，是一件何等幸福的事啊，比起自己一個人，就算吃再美味的食物，肯定更加令人感動、心滿意足。

此外，似乎也有越來越多人為了「陌生的某個人」用錢。

發生震災時，依照志工的要求，透過網路購物，直接寄送所需的糧食和鏟子等，或者透過群眾募資，參與社會活動……，我也有朋友捐了幾百萬圓到柬埔寨蓋小學。

如果看得到錢如何被使用，幸福度就會更加提升。

我認為，哪怕是一個月捐五百圓或一千圓都好，如果以自己的方法，有為了別人用錢的習慣，小小的滿足感就會一點一滴的在心中累積。

為了別人拿出金錢，信賴、感謝和滿足就會返回己身。

31

均衡尋求「能夠買到的幸福」和「無法以金錢買到的幸福」

人們常說「幸福無法用金錢買到。」但是為了獲得幸福，需要「某種程度」的金錢，比方說，食、衣、住、接受教育、實現想做的事等，有些事沒錢就做不到。

雖說「如果有愛，就不需要錢」，但是貧賤夫妻百事哀，有時候也會因為沒錢而吵架，或者生病時，無法幫助對方。

有一些錢，能夠滿足最基本的欲望，防止變得不幸。

然而，縱然再有錢，依然認為還不夠、想要更多，無法滿足——這是一件不幸的事。越提升生活水準、奢侈度日，往往身在福中不知福，對於金錢的感謝和喜悅的心情也會越來越淡。

人生需要某種程度的金錢，但是無法以金錢買到的事物，對於獲得人生的幸福更加重要。像是和家人、朋友在一起的安心感，以及值得信賴的人際關係、長期健康、有價值的工作、能夠全心投入的嗜好和畢生志業、心靈富足的時光、提升自我，擁有更好的人格……。用心辛勤累積的事物、守護的事物，會讓人感覺到深深的幸福。

諷刺的是，人為了獲得金錢，往往容易犧牲掉這些「無法以金錢獲得的事物」。

容易感到幸福的人知道「對自己而言，幸福是什麼」，而會均衡去尋求「能夠以金錢買到的幸福」以及「無法以金錢買到的幸福」。

不盲目地相信金錢，正是和金錢和睦相處的訣竅。

能夠以有限的金錢滿足，也是一種天份。

32

意識到自己的經濟價值

社會上的「工作價值」和收入往往並不公平，即使從事有價值的工作，收入少的人多得是。但若認為年收入和地位是人的價值，我想這種想法未免也太膚淺。

收入是其次，走自己的路的人會獲得「滿足感」這種報酬。

不過，意識到「自己的經濟價值」，亦即「能夠讓別人付自己多少錢」，對於今後的人生很重要。

我出社會之後，進入公司半年就辭職，然後做了各種工作。「自己的價值」大多是買單的人訂的。如果買單的人說「你和其他人一樣，時薪八百圓」，那就是你的價值；如果買單的人說「你會替我產生相當大的利益，所以時薪兩千圓」，那就是你的價值。

隨著經驗的累積，漸漸會明白自己能夠做到什麼程度、知道別人會覺得自己的那些部分有價值，並且會反覆思量為了進一步提升價值，需要學習什麼，以增添資歷和與眾不同的附加價值。

下意識察覺到「自己的經濟價值」的人會心想「自己是否能夠做到這些事」，而持續去摸索各種可能性。

毫不思考的人則會認為「反正做不到其他事」，甘於現狀。

在組織內工作的人若是能以自己開店的心態，去思考「自己能夠做什麼」、「別人會覺得自己的什麼有價值」，縱然不會反映在收入，也能夠獲得信賴和感謝、自己的立足點、發言權等許多報酬。

思考「自己能夠做到什麼」的習慣，一定會讓自己獲得益處。

要持續思考「自己能夠做到什麼」以及「別人在你身上尋求什麼價值」。

CHAPTER 3

能夠與人溝通，工作變得順利的習慣

33

對討厭的人也要主動打招呼

偶然遇見討厭的人時，請盡量和對方交談。

你或許會想要假裝沒看見對方，從對方身邊經過。但是那種時候，請試著主動笑著打招呼。

因為這麼做，會令人心情愉悅。

打招呼的那一瞬間，你應該會感覺到討厭對方的心情和面對對方的緊張感，一下子緩和下來。

如果遇到認識的人，像是鄰居、搭電梯遇到的人、年紀比自己小的人、宅配員……，不要遲疑，主動向對方說句「早安」、「辛苦了」。

一旦你主動打招呼，對方大多會鬆一口氣，感到開心，開始用善意的眼神看待你。

對方向你打招呼之後，你才向對方打招呼，那是對方製造機會給你，所以相對簡單。但是「主動打招呼」具有重大的意義，也需要一點勇氣，一旦你跨出這麼做了，對方會對你抱持好感，而你也會產生心情愉悅的自尊心。

縱然對方無視，那又何妨——那是對方的問題，你要心想「改天他應該就會跟我說話了」，不要放在心上。

打招呼不只是為了對方，也是為了自己。

總是被「好煩——」這種頑強的情緒牽著鼻子走，或者主動出擊，讓自己變得開朗，增進人際關係——你想要成為哪一種自己呢？

能夠「主動打招呼」的人，也能夠開創光明的每一天。

34

時常呼喚對方的名字

想要重視對方，也想要被對方重視時，最簡單且有效的方法是時常呼喚對方的名字。

我曾經聽說過，即使到了中高年，仍以彼此的名字互相稱呼對方的夫妻感情較融洽，許多情侶應該都同意這一點。

不是採取「喂——」、「我問你」、「孩子的爸」、「孩子的媽」、「我說你啊……」這種說法，而是稱呼對方阿〇、小〇的暱稱，彼此就會自然地意識到「自己是特別的」、「非我不可」，重視彼此。確實，一般人聽到「喂——」、「我問你」，會覺得對方不夠尊重自己。

在餐廳和髮廊，若是聽到店員說「歡迎光臨，〇〇先生（小姐）」，以姓名呼喚你，就會感到對方將自己奉為貴賓，你會覺得自己不是阿貓阿狗中的一人，而是被當作「個體」，受到尊重。

自己的名字是最特別、最悅耳的字。對方以那種「魔法咒語」呼喚你時，你就會重視對方，抱持好感地與對方相處。

像是第一次見面的人、職場的人、家人、朋友等，即使不說出對方的名字，也能進行對話，但是要刻意將名字插入話語之中。

與其說「我問你，你覺得如何？」，不如說「〇〇先生（小姐），你覺得如何？」。與其說「我有事要跟你討論」，不如說「我有事想跟〇〇先生（小姐）討論」。

自然地看著對方的臉，對方也會好好回應你。

總是在身邊的人、親近的人，請時常呼喚他們的名字。

光是這麼做，別人就能確認到自己「獲得你的認同」。

呼喚名字會產生「特別感」。

35

不要隨便拿自己和別人比較

人的不幸是否始於「比較」呢？

心想「比起那個人，我……」、「比起一般家庭，我們家……」，和人比較是自己讓自己變得不幸。

這種時候，大多是在比較「自己沒有的東西」和「別人有的東西」。這麼做是進行一場從一開始就敗北的戰爭，所以當然會感到悲慘。

明明有許多「自己有而別人沒有的東西」，但是卻看不見這一點。

話雖如此，人有一種和別人比較，確認自我的本能。

我做為作家出道時，也強烈地心想「我想讓這本書成為暢銷書！」，但是當我拿自己和其他銷暢作家比較之後，頓時失去自信，我沒有了不起的經歷，我也不會用詞藻——連一行也寫不出來。

讓我勉強保持自尊心的是「別人是別人，我是我。我有我做得到的事」這種心情。我心想「因為我一無是處，所以寫得出一些東西」、「我能夠以簡單易懂的話語書寫」，只能相信自己「胸有點墨」。於是，我寫的書變成了暢銷書。

比較不是為了讓自己灰心喪志。而應該是為了讓自己產生幹勁或成長，而「利用」它。若是能夠獲得能量，譬如讓自己心想「我要拿下全國前十名的業績」、「我要像那個人一樣努力」，那麼和別人比較才有意義。

不要輕易和別人比較，如果正視「自己有的東西」，人就能獲得幸福，閃閃發光。

不要被比較影響心情，而是要利用比較產生幹勁。

36

從對方身上學習優點

有一位阿根廷人翻修了我的一間舊民宅。當地人對他惡言相向，厭惡之情溢於言表，但是他一再詢問不懂的事，和其他工匠們建立了信賴關係。他的言行舉止，我都看在眼裡，深受感動。我問他：「你心裡不會感到不舒服嗎？」

他回答：「從前會。但是動不動就生氣，只會累死自己。我現在只要聽對我而言必要的內容，其他的話左耳進、右耳出就是了。」

他由衷敬佩日本工匠的技巧和工作方式，也因為他虛心受教，所以許多人幫助他。在他來到日本這二十年期間，他不但考取了水電等多項證照，和一名日本女性共組家庭，還蓋了一間理想中的房子。

我們在日常生活中，往往會注意到對方的「缺點」，像是「他很……」、「他不肯替我做……」。

內心的感測器對於「威脅自己的事物」，往往靈敏的產生反應。

然而，正視對方的「優點」就已足夠，像是「他教了我這種事情」、「他有他的優點」。

只要接納對於自己而言「有利的事」，其他就隨它去吧。如果能夠養成這種習慣，負面情緒就會消失，能夠往自己想要前往的方向前進。

許多人看不慣同事和家人的某些部分，希望他們改變，但是專注於那些細節，只會累死自己。無論對方如何，人類總有方法維持關係，在社會上生存。你所要做的，讓內心的感測器對「對於『自己』而言必要的事」、「對於『自己』而言有利的事」有反應即可。

如果從對方身上「學習優點」，身邊的人和世界都會站在你這一邊。

37

馬上就能說出對方的優點

有些人會因令人頭疼的人而感到苦惱，像是後進沒有責任感、內人容易發飆等。我會問他們：「你會誇獎對方嗎？」大部分的人都會回答：「幾乎不會。」八成是因為他們只會指責缺點，卻不會說出優點。

比起對方的優點，人往往更會注意到缺點。一旦注意到一個缺點，就只會在意它，變得難以看到優點。

從對方的角度來看，會覺得「這個人認為我是個沒用的人」、「他一點也不認同我」，自然的那樣認為。

正因如此，我們必須刻意地說出對方的優點。

這件事並不難。因為沒有人沒有優點。

像是字寫得很漂亮、擅長在電話中應答、工作速度快、在沒人在看的地方也很努力等，重點在於「忽然想到時，能馬上說出口」。

不習慣誇獎的人只要坦然地傳達自己的「感動」即可，像是「交給〇〇先生（小姐），我就放心了」、「你替我做這個，真是幫了我的大忙」、「我很敬佩你那一點」。

對方可能會害羞地說「哪裡哪裡」，面露微笑。人往往會想要回應認同自己的人的期待，因此回應你的方式會截然不同。

最大的效果應該是誇獎他人的你會變得心情愉悅。

注意到對方的優點，也會使原本焦躁的對方，內心變得從容。誇獎的習慣會讓對方和自己獲得幸福，敬請不斷實踐。

擅長誇獎的人擅長被愛。

38

擁有替你加油的人

替某個人加油的習慣，會讓每天的生活增添活力。

無論是運動選手、藝人、部落客，看到某個人朝某個目標努力，會想要替對方加油，這是一種無關利益得失，下意識湧現的情緒。

我自己也是某位足球選手的粉絲，會觀看他在日本國內外的比賽，對於他的活躍表現，由衷感動。當他受傷或表現不佳時，總是擔心地守護著；而當他恢復平常水準，我就像是他親戚家的阿姨，產生移情作用，喜極而泣……。

若是替別人加油，就能獲得「感動」和「活力」。而且會心想「我也要加油」，也想替自己加油。

除了距離較遠的人之外，若以「替對方加油」這種心情，看著同事、家人、朋友、情人等，又有另外一種喜悅。

「替對方加油」不是想要控制對方的心情，而是「想要做點什麼，助對方一臂之力」，像是給予小小的支持，或者傳送加油簡訊。如此一來，會覺得自己對於某個人在人生道路上的前進「有所貢獻」，共享成功的喜悅。

這種替別人加油的心情，也可能成為別人替自己加油的力量。

然而，心想「我忙自己的事情都忙不過來了」，冷眼看待別人努力，甚至暗咒「最好失敗」、無法替順遂的人開心的人，是一件遺憾的事，因為如此一來，心中說不定會有疙瘩。

能夠替別人加油的人、能為自己加油的人，會讓自己心胸開闊，人際關係也會變得圓融，令人心情舒暢。

希望別人幸福，自己就會獲得幸福。

39

以對方容易拒絕的方式，請託對方

拜託別人、邀約別人時，有一種技巧是「以對方難以拒絕的方式，去拜託對方」，但我認為，應該反其道而行。

舉例來說，想請別人幫忙加班時，用鞏固對方無法拒絕的狀況、奉承討好對方，或者吊根胡蘿蔔（酬謝或交換條件）等，縱然能夠迫使對方答應，對方心中也會留下些許「被強迫」的感覺。若是持續這麼做好幾次，對方就會認定你是個「麻煩的人」，對你避之唯恐不及。

做業務想要業績時，以自己的步調獲得對方首肯，也並非上策。

無理請求對方，就算那一瞬間得計，也無法建立長期的信賴關係。

真正擅長拜託別人、邀約別人的人，會替對方準備一條「退路」。

我重新思考了一下長年建立信賴關係的人們的行事作風，他們幾乎都會像這樣讓對方選擇：

「我想拜託你——但是別勉強。」

「如果不方便的話，下次有機會再找你。」

因為知道「拜託」、「邀約」是自己有求於人，所以態度謙卑。

如此一來，被拜託者也會心情輕鬆，能夠感受請託者的體貼和顧慮，爽快地答應做得到的事；如果有困難，也會說「雖然沒辦法全部幫忙，但是能夠幫一點忙」、「下次一定幫忙」這類顧慮到對方心情的話。

不強迫對方點頭答應，會獲得「這個人容易相處」這種信賴，而且能夠建立容易互相拜託的關係。

以對方容易拒絕的方式拜託對方，會讓對方成為夥伴，讓對方自發性地支援你。

重要的不是只有現在答應，而是長久持續的信賴關係。

40

習慣身邊的人的缺點

「無論如何，就是很討厭這個人的這個缺點」、「總覺得很在意……」這種情況很常見。

舉例來說，像是職場後進奇怪的口頭禪、上司不負責任的態度、情人的負面性格，雖然沒有嚴重到要指責的地步，但是一旦看到那種缺點，任誰應該都會感到煩躁、鬱悶。

從前，我曾在一位總是破口大罵的上司手底下工作。即使過了幾個月，我還是提心吊膽、惴惴不安。看到別人挨罵，我也幾乎快要哭出來，相對之下，和我幾乎同期進公司的同事則是完全無動於衷。

我說「你能夠若無其事，太強了」，同事微笑地說：

「一點也不強，只是習慣了。」

原來如此，「習慣」不是忍耐，也不是容許，而是「不在意」。

話雖如此，應該也有人會「在意」——我懂那種心情。人會漸漸習慣好事、壞事，但是「討厭」、「不能容許」這類情緒會在心裡累積，變得越來越厭惡，無法忍耐。

正因如此，刻意養成「忽視那一點」這種習慣很重要。注意對方的優點，然後告訴自己對方的缺點「沒什麼大不了」。反覆這麼做之後，就會漸漸不再那麼在意對方的缺點。

「習慣」是內心認為「那一點沒問題」。

對方的缺點不會改變。既然如此，自己予以習慣，面對它方為上策。

若是習慣對方的缺點，就不會敵視對方。

41

經常略施小惠

被大家稱讚「他（她）」真的好親切」的人，絕對不是一下子施以天大的恩惠，反而是經常略施那些別人可能馬上就會忘記的小恩小惠。

這種人知道，這樣彼此的內心比較不會有負擔。

再說，無論是使盡全力，或者不費吹灰之力地施惠於人，對方都會感到「一次」喜悅。既然如此，經常略施小惠不是比較好嗎？

擅長施惠於人的人，習慣思考「我能為對方做點什麼」。

假如別人在尋找什麼，就一起幫對方尋找；假如對方兩手拿著東西，就替對方開門；買飲料慰問加班的人；傾聽對方抱怨……諸如此類，輕鬆做自己做得到的事。

遇到陌生人，則讓座給對方，或者告訴對方路怎麼走。施恩於人時，心情會感到愉悅，大腦會釋放出β波、腦內啡，變成「助人為樂」這種狀態。如果覺得自己對某個人有幫助，自己就會變得有活力，又想繼續施惠於人。

此外，善施小惠的人，會覺得「自己甘願做」、「對方開心就好」，所以即使對方沒有回報，也不會在意。

好行小惠會感染對方，建立互相幫助的關係，縱然沒有回報，也會獲得看不見的重要事物，像是自我滿足、自豪，或者對方的感謝、尊敬、信賴等。

若是記得「一日施惠於人一次」，肯定會獲得幸福，人際關係也會變得圓滑。

略施小惠這種行為，蘊含著莫大的恩惠。

42

打招呼時，多附上「一句話」

打招呼時只要多附上一句話，單純的禮儀就會變成「交流」。不擅長主動向人搭話的人，當無法和對方交談時，不妨從打招呼時多附上一句話開始。

「一句話」可以是聊天氣和季節，也可以是感謝、誇獎的話語；無關痛癢的話題會比較自然。

像是「早安。天氣漸漸變涼了耶」、「你總是來得很早」、「今天終於是〇〇節了」、「謝謝你昨天送的名產」、「你今天穿的襯衫很好看耶」……，任何小事都可以。

招呼語是所有人都會使用的短語，但「一句話」是「自己的話」。

縱然只是一句話，若是發自內心、蘊含心意，對方就會感受到「我很重視你」這種敬意和善意。應該沒有人會討厭這種人吧。

想要更親近這個人一點時，可以將「一句話」改成疑問句。像是詢問「感冒好了嗎？」、「昨天回去的路上，不要緊吧？」、「最近忙嗎？」，對方會回應「原本很嚴重，但是已經不要緊了」，然後你可以再說「那就好。保重身體」，讓對話內容變得稍微深入一些。

在商務郵件中，若是在固定的「平日承蒙關照」之後，附上一句話，也會令人感到開心。某位長期與我往來的編輯經常省略「平日承蒙關照」，改寫「今天東京下著小雨。話說，關於〇〇一事……」，從聊天氣的一句話進入正題。即使只是形容天氣，他的詞彙也很豐富，令人欽佩，那種郵件會令人心中感到一陣暖意。

有和沒有自己寫出來的一句話，兩者之間給人的感覺大不相同。

打招呼是表現自我的重要交流機會。

43

道謝時，也請多附上「一句話」

無論是誰，聽到別人對自己說「謝謝」這句感謝的話時，都會開心，若是再多「一句話」，它的效果就會倍增。

我在路上偶然遇到來聽我演講的人，他對我說：

「前幾天謝謝你的演講。我試著實踐當時聽到的交流方法之後，夫妻感情變好了。」

光是一句「謝謝」就足以令人開心，想到「我的演講居然對他那麼有幫助」，我感到一種無法言喻的幸福，想要繼續加油。

附上「一句話」時，必須注意的是，要傳達的不是以「你」為主詞的「感想」，而是以「我」為主詞的「感動」或「影響」。

像是「謝謝，你的工作速度真快」、「你真機靈」等，雖然同樣是令人開心的一句話，但由於是以「你」為主詞，就會有評價、評論對方的感覺，也可能會讓有的人覺得你一副高高在上的態度，長久持續下來，會覺得心裡不舒服。

但若是「謝謝，我真的很開心」、「幸虧有你幫忙，我才能早點回去」等以「我」為主詞的一句話，則會有坦率形容自己心情的感覺。

尤其是當長輩說道「你幫了多大的忙」，特別令人開心。

此外，像是「同事說你送的名產很好吃，大家都很開心」、「託你的福，真的幫了大家一個大忙」等，代表「眾人」的一句話也很不錯。

不習慣時，若是以「謝謝你。託你的福……」開始，就會變得容易。

「謝謝」是一句說再多也不嫌多的話，所以要不斷使用，習慣成自然。

感謝的話語是對對方的「頂級肯定」。

44

越是正確的事，越要理直氣和地說

有的人在說（自己認為）正確的事，亦即正確的主張時，語氣會忍不住變得強烈，或是有點咄咄逼人。

不，人往往容易變得如此。

因為相對於對方的錯，「正確的事」一定不會輸，所以在說所有人都認同的「正確主張」時，像是「那個不管怎麼想都很奇怪吧？」、「身為社會人，這是理所當然的事吧？」、「你為什麼連那種事都不懂呢？」，會理直氣壯地覺得自己比對方高人一等。

有時候是基於正義感，試圖糾正對方、設法希望對方明白，但之所以像是在發洩平日的積憤似地，語氣變得激動，或許是因為自己無論如何都想要站在優勢。

然而對方就算知道自己有錯，若是被人以正確主張這項武器責備，自尊就會受傷，最後被逼得走投無路，惱羞成怒。

並非說出認為正確的事、指出錯誤不好，而是必須注意「說法」。越是認為正確的事，越要「理直氣和」地說，給對方台階下，這樣對方應該更聽得進去。

天底下沒有完美的人。我也經常失誤或犯錯。

輕描淡寫地說「那個錯了」的人、理直氣和地說「說不定是我誤會，是不是……」的人，解救了我。

要知道，說正確的事時，容易傷害到對方。

聰明的人比起「正確」，會選擇「體貼」。

若以「正確主張」對峙，對方就會覺得你一副高高在上的態度，瞧不起他。

45

越有自信的事，越不要自我宣傳

無論是商務人士、藝術家或運動選手，被稱為「專家」、「一流」的人們，很少自吹自擂，態度總是謙虛。

因為已經獲得認同，所以不必自我宣傳也是原因之一，但是他們八成從沒沒無名時，就是一樣的態度。或許是下意識，或許是刻意，他們知道謙虛會獲得別人支援，自己也能成長。

恕我直言，連二流、三流都稱不上的人，偏偏很愛自我宣傳，像是「我曾經……，成果斐然」、「我付出相當多」等。

其實是沒有自信，所以才成天宣傳自己怎樣又怎樣。

在職場上，有的人會一副「我很了不起」的樣子，炫耀自己進展順利的事情，或者用睥睨萬物的口吻說話。

我也不是不懂他們想要自我宣傳、希望得到別人認同的心情。然而，若是不考慮到別人的心情，自鳴得意地說個不停，他人往往就會心想「是喔——啊不就好棒棒」，冷眼看待，也可能會嫉妒地認為他不過是「自以為了不起」。於是，不但無法獲得身邊的人的認同，容易被人扯後腿，或者犯了疏失時就會被眾人挖苦。

越有自信的事，越要心想「我還有進步空間」。

不要與人較勁，而是要挑戰自我的極限。

要持續保持從任何人身上學習的態度、感謝的態度。

謙虛是一種受人喜愛的技能，用來變成想要變成的自己的原動力。

自信和謙虛是一體兩面。若是不忘謙虛，自信就會累積。

46

和值得尊敬的人來往

豐富人生最有效的方法之一是，擁有值得尊敬的朋友。

「尊敬」不是指收入高、有地位、有優秀的資歷等，只要有一項令人覺得「了不起」的事即可。

值得尊敬的點因人而異，對我而言，可以是「簡單思考」、「處事優雅」這種思考方式或行動，又或者是具有「擅長利用時間」、「懂得享受人生」這種生活方式的技能。

若是和值得尊敬的人來往，就會像翻開教科書般，能夠參酌他們的想法去思考「這種時候，他會怎麼想？」、「怎麼展開行動？」。

此外還有數不清的好處，像是能夠坦然聽進尊敬的人的建議、能夠交換有建設性的意見，甚至光是對方存在，就能獲得活力等。對對方而言，如果自己沒有魅力，也無法持續來往下去，因此也想成為「對對方有幫助的人」。

有時候我們無法選擇來往的人，像是工作上或當地的人際關係等。這種時候，若是能從對方身上發現一個「值得尊敬的地方」，關係就會變得順暢。任何人都有「比自己強的地方」，像是熟知機械、會英文、積極、有幽默感、記憶力強等。

縱然是夫妻或情侶關係，「尊敬」也會比「喜歡」更持久。「喜歡」可能會降溫，或者遭到對方背叛，但是「尊敬」是客觀的判斷，因此能夠建立人與人的關係。

有「尊敬」的心情，對待對方的態度也會變得柔和、有禮。

比起「喜歡」，「尊敬」會打造更穩定、持久的人際關係。

「尊敬」能給予每天的生活舒適的刺激。

CHAPTER 4

能夠整理情緒，開心度日的習慣

47

如果心浮氣躁，就像注視別人一樣，凝視自己

有時候明明不想心浮氣躁，但是卻心浮氣躁……

我們就像是在心中，養了一匹叫做「情緒」的馬。

這匹馬非常膽怯，一旦有「討厭」的事，就會突然失控，或是不肯前進，折騰我們。

我原本就比一般人情緒化，為了讓自己開心度日而做的事是：讓「另外一個自己」出現，成為情緒這匹馬的駕馭者。

察覺到「啊——我心浮氣躁」時，就告訴自己「心浮氣躁也不會有好事」、「事情沒有那麼嚴重」。

只要這麼做，肩膀就會放鬆，心浮氣躁或悶悶不樂的情緒也會慢慢平

靜下來。

許多人感覺上知道自己的內心狀態，但是做不到客觀審視。若是放任主觀的情緒蔓延，不知不覺問，就會眉頭深鎖地度日。

客觀審視自我在心理學稱為「後設認知」，是控制情緒的關鍵。若是養成這個習慣，生活就會變得輕鬆許多，譬如：

在人生中受挫時，會樂觀地認為「相當戲劇化的發展」。

快要和家人吵架時，會心想「不要說多餘的話」，冷靜地判斷。

累積壓力時，會心想「差不多該轉換心情了」，提早關懷自己。「後設認知」和運動一樣，越練越進步。

也就是說，越以「另外一個自己」的角度審視，就會活得越順遂。

只要擁有「另外一個自己」，就具有讓心情變輕鬆的效果。

48

讓「話語」的力量成為後盾

加班時，若是有人說「原本以為今天能夠早點回去，現在真是——糟透了」、「加班真累啊——」，聽起來都覺得鬱悶。

若是有人開朗地說「這麼努力工作，我真想要誇獎自己啊」、「還剩一些些就結束了，加油吧」，聽了都覺得活力湧現。

話語不只會對身邊的人造成影響，更會對自己造成影響。如同自古以來人們常說的「言靈」一樣，話語具有強大的暗示力量。如果選擇好的話語使用，心情就會變得開朗，容易發生好事。

常說喜悅和感謝話語的人，連表情都很開朗，會漸漸變成「微笑的臉」。

口無遮攔地說出憤怒、悲傷、焦慮等的人，就像是在吟誦負面的咒語——他們應該沒有意識到自己正在傷害自己的身心，滿腹牢騷的人會漸漸變成「愛抱怨的臉」、常常情緒低落的人則漸漸變成「哭喪的臉」。

想要開心走在人生旅途中的人，無論遇到任何現實局面，請習慣使用正面的話語，放眼正面的事。

諸事不順的現實中，也一定隱藏著好事。

平凡無奇的現實中，也有許多小幸福。

將它化為語言，心情和情緒就會為之一變，人生變得光明。

日常生活中，請盡量試著大量使用下列七句話：「真開心」、「真愉快」、「真幸福」、「真棒」、「真幸運」、「做得真好」、「謝謝」。

除此之外，也請不吝惜對自己低喃令自己開心的話語。

縱然改變現實很難，改變話語——卻很簡單吧？

正面的話語會讓身心朝氣蓬勃。

49

拒絕不想去的邀約

是否有許多人不擅長「拒絕邀約」呢？

我也是如此。像是公司的聚餐、朋友邀請參加活動、商務午餐聚會等，有時候雖然會下意識地答應，但是心情沉重。當天也會憂鬱地踩著緩慢的腳步前往……。

心想「拒絕會對對方不好意思」、「因為對方特地邀約，所以只好……」，試圖回應對方的心情，卻苦了自己。

我開始將「自己覺得舒服」當作首要考量之後，變得能夠拒絕。而且我知道「就算拒絕，也幾乎沒有問題（不會怎麼樣）」。

拒絕的那一瞬間，需要一點勇氣，但是接下來心情就輕鬆了。

如果認為「自己不在，對方會失望」，這或許是有點傲慢的想法——對方自有愉快度過時光的能力。

誠實的告知，反而往來也輕鬆，人際關係也不會崩壞。若是因為拒絕邀約，關係就會出現裂痕的話，那想必也不是太重要的關係。

若是養成對不想去的邀約、不想做的事說「NO」的習慣，人生就會戲劇化地變輕鬆。

其實不用找各種理由，「不想做」這個理由就夠了。

自己和對方都有方便和不方便的時候。不想做時，就說「謝謝你邀請我」，客氣地拒絕。邀對方時，也不要給對方壓力、勉強對方，即使被拒絕，也不要在意——我想要這種舒服的關係。

說「NO」會產生舒服的時光和舒服的關係。

50

「欸，算了」，放下肩頭的重擔

遇到令人生氣、不安的、後悔的等難以接受的事時，有一句讓心情變輕鬆的話，那就是「欸，算了」。

我有一對夫婦朋友，兩個人的個性都很頑固，經常你一句「那個不對吧？」、我一句「你才不對！」，意見總是沒有交集，平日爭吵不斷。但是有一天，妻子轉換心情地說「欸，算了，那不重要。今天是難得的假日，我們愉快地度過吧」，丈夫回「說的也是」，態度軟化了下來。

與其為了對方而選擇「原諒」，「欸，算了」這句話會讓自己變得輕鬆，它意味著雖然對方有令人不悅的地方，但是姑且不論，就往下走吧。

性格變差，沒有好事。

一旦說出「我對、你不對」這類爭執對錯的言語時，就會心浮氣躁，或者攻擊對方，進入戰鬥態勢。因為單方認定「非這麼不可！」，所以無法接受。

「欸，算了」這一句話會讓人不再「執著」，心靈獲得自由。

並非忍耐討厭的事、逃避問題，變得多一事不如少一事。思考那些別人的、過去的等「無法改變」的事，只會傷害自己。但如果轉換成「欸，算了」，就會卸下自己和身邊的人肩頭的重擔。

責怪自己的過錯時，說：「欸，算了。因為當時就真的很想那麼做啊。」有同事心浮氣躁時，就心想：「欸，算了。他就是那樣啊，無可奈何。」

人生中，「嚴重」的事情並不太多。

無論發生任何事情，都要以「欸，算了」這一句話，樂觀地前進。

若是執著於「無法原諒的事」，也就是在浪費人生的時間。

51

不要思考煩惱的原因，而要思考煩惱的解決方法

我們一旦有某種煩惱，往往就會思考「原因」。

舉例來說，工作上犯錯時，就會想東想西，像是「為什麼我會這樣？」、「為什麼上司要嚴厲指責我？」、「為什麼我選擇了這份工作？」，結果越想越煩，說不定晚上也睡不著覺。

像這樣想不開時，是「問題」和「情緒」攪成一團，雖說兩者都一樣重要，但是要先從「解決問題」開始著手。

若要解決問題，就要先去思考「解決方法」，而不是「原因」。

有時候為了今後改善，也必須追根究底，找出原因，但是很多時候，即使思考也不會輕易出現答案，如此只會自尋煩惱，自我折磨。

話說回來，有些狀況——世界上沒人知道真正的答案。

為了今後順遂，請試著只簡單的思考「現在自己能夠做什麼？」

若是在工作上犯錯，就思考「為了防止疏失，要檢查兩次」、「預留充分的時間」；若是失戀，就想著「積極相親、尋找戀愛對象」、「暫時專注於學習才藝」。

應該也有什麼都不做，像是「置之不理」、「現在暫且擱置」這種解決方法。

若是找到自己的「小小的解決方法」，展開行動，心中的煩悶應該就會逐漸變淡。因為只思考「原因」，所以煩惱才會變大。要以積極思考「解決方法」的習慣，趕走煩悶。

如果有煩惱，就要找到「小小的解決方法」，展開行動。

52

無法改變的事，「這樣就好！」

讓我們思考一下，如何處理有煩惱時的情緒。

這是古今中外努力探討的深奧主題，自是無法輕易解決，但是能夠從佛教的古典教誨中，找到一個啟發。

據說一位學生請教佛陀「該怎麼做才能度過充滿安心的人生？」，佛陀提出三個時間軸，回答：

「過去的事不後悔、未來的事不擔憂、現在的事不執著」。

換句話說，就是要放下後悔、不安、執著。

應該也有人認為：「就是無法成為那種聖人，所以才吃盡苦頭！」

沒錯。我也是人，也有煩惱，但是我習慣將這個教誨當作啟發，謹記在心。低喃下列的話，就會變得相當輕鬆。

・對於過去的後悔——「那樣就好」。
・對於未來的不安——「順其自然」。
・對於現在的執著——「這樣就好」。

首先，即使後悔當初「要是沒有那麼做就好了」，也無法改變過去。因為有各種緣故，所以「那樣就好」。

接著，即使擔憂「假如將來變成這樣，怎麼辦」，接下來的事也沒人知道。盡人事之後，就「順其自然」。

最後，「想要這個」、「想要實現這件事」這種執著也會成為生存的力量，但是即使執著於無法改變的事也沒用。請以笨蛋伯的口吻（譯註：赤塚不二夫的漫畫《天才笨蛋伯》中的主角，口頭禪是「這樣就好」。）對自己說「這樣就好！」

放下「無法改變的事」，致力於「總有辦法改變的事」。

53

想哭時就哭

大人想哭時，也可以哭。

我們大人因為覺得哭很丟臉，所以往往認為，必須隨時表現得開朗、神采奕奕，一旦流露情緒，就會覺得自己好像快要失控。也或許是為了避免感覺到悲傷、難過和悔恨等，試圖掩飾而保有自我。

像是「雖然有悲傷的事，但是要忍耐」、「別人對自己做了討厭的事，但是要忍耐」、「累得要命，但是要忍耐」……。

可是，若是心想「不能哭」，強忍情緒，那些沒有完全消化而殘存的情緒就會在某個時間點爆發。

某位朋友總是笑著工作、照顧父親，但是當他父親弄掉盤子、碎落一地時，他痛哭發飆——想必在笑容的背後，痛苦的情緒一直埋藏在心中。

一直背負著重擔，哭會讓你的痛苦釋放。

可以是一個人待在廁所或浴室時，或者和能夠吐露真情的家人、朋友在一起時，此外搭配令人淚腺潰堤的電影或電視劇，也是一個好方法。

慰勞自己「你很努力了」，然後——哭個痛快。

哭完之後，一如往常地度日。悲傷或許會殘留一些，但是收藏在心底，忙碌的過程中，它會漸漸痊癒。

哭比笑更令人放鬆——據說大腦會分泌幸福荷爾蒙「血清素」，淚水也能洗滌心靈。

要適時地「釋放情緒」、「收起情緒」，在兩者之間取得平衡，拾回日常生活中自然的笑容。

哭具有讓身心健康的力量。

54

躺在床上準備睡覺時，只想好事

無論白天有再討厭的事，晚上躺在床上時，都要先像唸咒語似地低喃下列這句話，迅速趕走負面情緒。

「今天一整天——謝謝你了。」

不可以輕視「睡眠」。

據說人有約三十七兆個細胞，骨頭、皮膚、血液和內臟每天都會慢慢新陳代謝，尤其是深度睡眠時，老舊細胞會更新成新細胞。若是思考不好的事，就會阻礙安穩的睡眠。而睡眠不足和壓力，會使我們的新陳代謝和免疫力低下。

所以，就寢前「思考什麼」很重要。

無論在這段時間思考的是好事或壞事，睡覺期間，它都會「下意識」地烙印在腦海中，大腦持續思考。

據說日常行動有百分之九十七是出自於下意識，所以思考彷彿就是在對自己施加暗示，像是「你是這種人唷」、「會變成這樣唷」。

然而，若是反過來利用它，也能輕易地施加正面的暗示。譬如想像「我希望變成這樣」這種幸福的事。

不清楚自己的心情時，就先問自己「其實你想怎麼做？」，再進入夢鄉……，實踐這種習慣之後，或許你會發現，目標竟不可思議地實現了。

請你姑且相信，試著這麼做。持續一週左右之後，你會發現想法自然變得開朗，行動變得積極。

在睡覺前「黃金時間」思考的事，會形成想法，變成行動。

55

情緒高漲時，先等個三分鐘

若是隨著情緒張狂發言，你是否幾乎都會事後感到後悔呢？

忍不住火冒三丈，發洩怒火，但只有一瞬間感到痛快。氣氛變得尷尬，覺得自己是不是說得太超過了、覺得自己說了糟糕的話，簡直快要被自責的念頭和難為情給壓垮……。

即使情緒化地拋出所有想法，但是對方無法理解，彼此的關係反而更陷入泥淖。

如同在這一章的開頭寫到的，變得情緒化時，心中的悍馬處於狂奔的狀態。因此，內心情緒激動，無法冷靜地判斷。

並非情緒化不好，我們可以憤怒，也可以悲傷；因為心情所致，無可奈何。不過，情緒化地行動——沒有好事。

瞬間爆發的情緒不會持久。如果像是悍馬發蹄狂奔似地火冒三丈，要在心中靜靜地從一數到十。離開當地，做深呼吸、眺望天空，或者到處走的過程中，心情會漸漸平靜下來。

過了三分鐘之後，應該就會心想「幸好我沒有……」，鬆一口氣。

前一陣子，我收到朋友的簡訊時，當下也火冒三丈，心想「太過份了！」，憤怒地迅速寫下責怪對方的回覆，差點按下傳送按鈕。可是，我暗忖——且慢，打消了念頭。

隔天早上重讀那封簡訊，心想「幸好沒有傳送出去——否則就要失去一位重要的朋友了。」打從心裡感到安心。

情緒高漲時，什麼都不做才是明智之舉，這麼做是為了保護自己和身邊的人。

若是情緒化地行動，會毀了長期建立的信賴。

56

悲傷也值得感謝

我們往往認為喜悅、愉快、幸福等正面情緒是「好的情緒」，而憤怒、悲傷、痛苦、寂寞等負面情緒是「壞的情緒」。如果可以的話，只想要以「好的情緒」生活下去。

可是，憤怒和悲傷其實也跟喜悅和愉快一樣，都是重要的情緒。情緒透露與傳達著我們生活的信息。

負面的情緒中，尤其是「悲傷」，會殘酷地刺痛內心，而且久久不會消失。像是和親人或重要的人生離死別、事故或災難、痛失寵物、失戀、失業、遭到背叛、損失大筆金錢……，每次想起，都會難過得眼眶泛淚。

那種時候，要盡情悲傷，靜靜地感謝。

正是因為悲傷的情緒只會在失去某種重要的事物時湧現。我們這也才意識到：在感到悲傷之前，我們擁有無可取代的「寶物」，它賦予我們喜悅、愉快，以及偉大的能量。

或許越是習以為常的日常生活，失去時的悲傷越強烈。

不要抵抗那種悲傷，也不要立時立刻努力重新振作，而是心懷感謝地接受它，如此就能再度前進——強烈的悲傷會殘留在內心角落，悄悄地收藏於內心深處——之後就能邁步前進。

時間會溫柔地療癒傷痛。

身邊的人和日常生活也會溫暖地陪伴你。

之所以能夠從現在眼前理所當然的事物發現「值得感謝的地方」，並心懷感謝，也是拜悲傷之賜。

悲傷不是要去抑止的情緒，而是要去貼近的情緒。

57

如果遭遇不幸，就心想「幸好只是……」

這是一位朋友遭遇車禍，腳複雜性骨折時的故事。

我萬分擔心地跑去醫院探病。見到朋友氣色紅潤，笑笑的說：「幸好只是這種程度。要是碰撞到要害，我現在就一命嗚呼了。而且因為住院，有了美好的邂逅……」

害我擔心，但沒事真是太好了。

當然，應該會感到疼痛，而且行動不自由，但我想，是下意識認為幸好只是這種程度的樂觀，為他招來了幸運。

相對地，若是覺得自己「倒了大楣」，心想「為什麼會遭遇這種衰事」、「要是沒有經過那條路就好了」、「自己真是倒楣」等，悶悶不樂，就會再招來不怎麼好的事。

好事發生時，任誰都能開心地度過，但是遭遇不幸時，才是真正考驗一個人，說「幸好只是這種程度」的人，馬上就能轉換心情，迅速前進。

在我的身邊，還有很多這種內心堅強的人。

在旅行地點，錢包被扒時，心想「幸好只是這種程度，沒有被奪走性命」；飛機大幅延誤時，心想「幸好只是延誤。要是停飛，就回不去了」；買股票賠一大筆錢時，心想「幸好只是這種程度，今後要慎重思考」。

與其說是樂觀，不如說是擅長在不幸中，發現幸運。

如果意識到凡事的定義都是自己下的，無論任何不幸找上門，應該都能克服。

決定「好」與「壞」的人是自己。

58

溫和、沉穩地說話

坦然表現出情緒，有時候會讓人覺得你自然不做作，但是放任憤怒和嫉妒等激烈的情緒行動，稱不上是成熟的行為。

若是使用粗暴、刺耳的話語，應該還會變得更加煩躁。而且採取那種說話方式的人容易引發問題、引起爭端，身邊的人會離你而去。

說話習慣溫和、沉穩的人，下意識知道，這樣會產生平靜的情緒，建立和平的人際關係，亦能心情愉悅地度過一天。

舉例來說，在某間商店要求店員說明商品時，即使覺得這位店員態度有點差，若是自己沉穩地說話，有時候對方也會漸漸變得平靜，最後甚至露出笑容。

生活上，遇到事情時，要當下立刻改變情緒不容易，改變說話方式相對比較簡單。

這是做為憤怒管理，非常有效的方法。

採取沉穩說話方式的人，易受到同性和異性歡迎——大概是因為他們令人覺得心安。溫和、沉穩地說話，有三個重點：

①以禮貌的話語慢慢地說。

②不過度提高聲調、音量。

③不斷定。像是「絕對」、「總是」、「一定」的詞句盡量避免。只要將「那個絕對不行」轉換成「不要那樣或許比較好吧」柔和的語氣，給人的感受就會差很多。模仿氣質沉穩的優質藝人或朋友，或許也是養成習慣的訣竅。

若是沉穩地說話，身邊沉穩的人也會越來越多。

59

尋找想要讓他獲得幸福的人

為了別人忙東忙西，特意撥出時間幫忙，即使心想「這是我自己甘願做」，若是對方毫無感謝的心，或者功勞被人獨占，你會怎麼想？莫名感到一陣空虛——心想「好歹說一句謝謝吧」，人之常情。

如果能夠像神一樣，給予「無償的愛」，那也就罷了；一旦「期待」對方有所回報，就會令人煩躁、悶悶不樂。

若是會有「我替你做了，你卻連一句謝謝也沒有」的念頭，那麼不做也罷。最好心裡想著「沒有感謝、回報，也完全無所謂——這是我自己想做的啊」，在「自我滿足、不求回報」的範圍內付出。

為了心情愉悅地付出，尋找「值得讓他獲得幸福的人」，或許也是一個方法。人如果心想「我對別人有幫助！」、「對方很開心！」，切身感覺到對方獲得幸福，那麼讓他獲得幸福就有意義。

人有情緒，很難對所有人一律平等地奉獻。

「讓想要獲得幸福的人得到幸福」即可，不是嗎？

自己做的事讓別人打從心裡感到開心，讓他獲得幸福就有意義。

自己心愛或抱持好感的人，像是家人、情人和朋友等，讓他們獲得幸福就有意義。

幫助需要幫忙的陌生人，讓他獲得幸福就有意義。

讓這些人「獲得幸福」即可——而且只能做到這樣。

如此一想，就會覺得自己是「讓他人獲得幸福的人」，覺得自己的存在很重要。我想成為懂得感激、表達喜悅、不忘恩情的人。

讓某個人獲得幸福，是人本質的幸福。

60

每天都要有「獨處時光」

人若是沒有時間獨處，就會無法獨自思考。和某個人在一起，縱然對方是再愛的家人、是熟知彼此個性的朋友或同事，聽到對方的話語時，多少都會受到影響。

若是沒有一個人獨處的時間，自己尋求的事物和現實之間就會產生差距，下意識地感到焦躁。

一個人的時間是釋放自我、拾回自己的時間。

越說「某個人總是在，我沒有一個人的時間」的人，哪怕是一天一次、十或十五分鐘都好，越需要擁有「獨處時光」。

「獨處時光」沒有規則，可以沒有任何顧慮地去思考或做喜歡的事。

如果目前無法特別撥出空檔的人，建議也可以將洗澡時間、通勤時間、散步和健身的時間等，當作「獨處時光」。

無論做什麼，若是一個人，大腦就會持續思考某件事，自然地召開「一個人的會議」，回顧今天發生的事，心想「那樣好嗎？」，左思右想明天要做的事，或者忽然擔心某個人的事。

一面整理思緒，自己就會感到滿足，摸索獲得幸福的道路。

我經常問自己：「你真正想要怎麼做呢？」

像是「要不要接受新工作？」、「下一個連假想做什麼？」、「想不想和那個人見面？」，即使答案不會馬上出現，在某個時刻，「對了！原來我想這麼做」的答案也會從天而降。

感覺對自己瞭若指掌，但或許最不瞭解的也是自己。

如果透過「獨處時光」拾回自我，應該也會更珍惜與他人相處的時光。

「獨處時光」會讓人靈光一閃，察覺到許多事。

61

痛苦時，尋找「幽默感」

「只有人類在這世上受苦，所以不得不發明笑。」這是尼采的名言。

當我們在痛苦時、感到憤怒時、心情低落時、緊張時、越是受到負面情緒支配時，越要試圖尋找有趣的事，如此一來，心情就會變得輕鬆。

當所有人在職場上神經緊繃時，一句好笑的話就會緩和現場的氣氛。和家人之間劍拔弩張時，如果說件好笑的事，相視而笑，甚至會忘了剛才的衝突。

生氣時、發生麻煩的事時、聽到別人說令人討厭的事時、心情有點不美麗時等，若是在自己心中，將它變成笑話，感覺就會變得像是喜劇電影的一幕，大部分的事都會一笑置之。

如果有幽默感，就能更客觀地觀看事物。

不用凡事都大笑，只要尋找能夠讓人噗哧一笑的事即可。

或者你也可以試試做出誇張的反應，或者採取滑稽的語調。

試著將痛苦的狀況或討厭的人，比喻為「簡直像是〇〇一樣」、「好像〇〇」一笑置之；聽到別人說不合理的事，試著在心中像是雙口相聲般吐槽；將失敗、失戀等，當作自我解嘲的哏；心想「假如……的話」，思考虛構的有趣內容……，不妨像這樣自由、輕鬆地思考有趣的事吧。

無論是自己一個人，或者面對別人，尋找幽默感是堅強活下去的訣竅。

笑是堅強、爽朗生活的能量來源。

CHAPTER 5

設定終點，思考路程，擬好計畫的習慣

62

幻想十年後「如果變成這樣的話，最棒」的自己

一個人會度過怎樣的人生，不是取決於他有某種天份、資質或機會，而是在於「想像怎樣的未來」這種習慣經年累月下來的差異。

舉例來說，一樣是想要成為小說家的人，一位心想無論如何都想要獲得那個獎項的人，以及另一位設想能夠出版一本自己的書就好的人，日常的努力方式和小說的品質應該都會有所不同。

心想「我想要發大財」的人，日常應該會以「如何賺大錢」為考量；而心想「我嚮往鄉間生活」的人，服裝和生活型態應該都會更貼近田園。腦海中勾勒的畫面，自然會變成現實。

假如想像的事沒有實現，說不定是在內心封鎖了，像是「想要擁有

自己的店。可是沒錢……」、「想要擁有美好的婚姻生活。可是，就憑我……」，當作「困難的事」思考。

如此一來，等於一面踩油門，一面踩煞車。

那些已經實現夢想和目標的人，不會認為去實現是多麼困難的事，他們相信「如果按部就班地去做，夢想就會成真」。也就是說，只踩油門，不碰煞車，所以只是放鬆前進。

若以十年為單位思考人生，應該能夠前往相當遠的地方。

首先，請像是電影的一幕似地，去幻想「如果十年後變成這樣的話，最棒」的畫面。接著，請一天摹想好幾次。

勾勒的畫面越真實，現實也會越強而有力地朝它展開。

想像的力量會打造「現在的自己」，打造「人生」。

大人不會去想像他覺得不可能實現的事，所以相信者才是贏家。

63

從能夠輕易做的事做起

設定了目標，可是，遲遲無法開始……，這種時候，你是否會覺得自己真沒用、意志力薄弱呢？

然而，如果認為「只要意志堅強，應該什麼都可以做得到」，將問題推到「意志」頭上，我總覺得有點危險。

如同上一節提到的，我們對於自己覺得「有點困難」的事，會感到心情沉重。但我發現，無論順遂的人、能夠達成目標的人，是刻意或無意，他們都知道這一點，因此凡事都會從「簡單的事」做起。

不是拚命用「蠻力」，而是實踐輕易「使力」的方法。

遲遲無法開始的人，請對自己這麼說：

「要不要先試著做『小事』？」

試著做能夠輕易持續五分鐘的事，像是寫一頁證照考試的問題冊、傳送簡訊，什麼都可以。即使五分鐘就結束也夠了，大部分的情況下，會產生「再稍微做看看吧」這種心情。

因為「達成小事」會讓人心情感到愉悅。

應該所有人都有過這種經驗，原本懶得洗碗，結果洗碗之後，赫然回神，連餐具櫃也整理好了。一樣的道理，若是心想「沒什麼大不了的」，開始動手做，隨後就會變得起勁。

如果想以最小的意志力，做最大的事，就要將一開始的門檻設定成「現在馬上就能夠做到的簡單的事」。

輕鬆地開始，引導出自信和幹勁。

如果踏出一步，就像是完成了一半。

64

如果能夠做到六、七成，就算做得很好

工作、家事和育兒，原本都該是件愉快的事，但似乎有許多人追求完美，一臉嚴肅地做。

「適可而止」、「做到完美」，人往往擁有這兩面，若是太追求完美，就會過著累人的每一天。

我原本也有這種傾向，所以十分清楚。舉例來說，今天想做的工作只做完八成時，我就會像個魔鬼上司般責備自己「為什麼無法做完呢？」；決定每天要做的事，一旦間斷個幾天時，就會心想「啊，我不行了」，頓時喪失熱情，中途而廢。

許多認定「唯有拿到滿分才有意義」、「努力，應該就做得到」的人，或許都有這種「完美主義」。

吹毛求疵的性格可以用於激發能力或成長，但若是永遠試圖做到完美，當然就越容易感到沮喪。

我曾經對自己太嚴格而生病，所以從此之後，我變得適可而止。

「如果能夠做到六、七成，就算做得很好」、「基本上，不是零分就好」，如此一來，大部分的事都會過關。

只要心想「人有順遂時，也有不順遂時」，即使失敗，也能再持續。

「能否笑著去做？」是檢查自己是否努力過頭的重點。

話說回來，設定一百分這個標準的人是自己，因此心裡擔心自己做得到、做不到，心情忽好忽壞，未免愚蠢。

適可而止的標準會讓人容易開始、容易持續。

65

不需過度擬定計畫，而是去享受「過程」

我在旅行時，只會決定大致的目的地，然後「隨遇而安」。排滿一天的行程，像是工作一樣執行它，非常累人。與其那樣，倒不如走著走著，覺得「這家店很棒」就走進去，和在那裡偶遇的人聊聊天，這樣還有趣得多。如果對方說「有個好地方，你要不要去看看？」，也可以聽從對方的建議，改變路線。

人生也是一樣。人生往往計畫趕不上變化，不如己意，不要過度擬定計畫，隨遇而安，幸運比較會找上門。

「隨遇而安」不是隨波逐流，而是按照自己的意思，縱身一躍，乘上來到眼前的海浪。與其心想「非這樣不可」，卯足全力瞎忙，不如順著潮流，比較能夠輕鬆地搭順風車，前往想去的地方。

人生往往會遇到意想不到的波濤。好比被調到不想去的部門、被任命為主管、遭到裁員等。

可是，若是心想「雖然事與願違，但這也是一條可行的路」，做當下能做的事，於是某種能力開花結果，意想不到的機會也從天而降。常常雖然繞了遠路，但是結果反而好。

當我頑固地非想要成為記者不可時，卻諸事不順。偶然在旅途中遇見一位出版社的社長，於是爾後的這十幾年，我都在寫書。人生真是有趣啊——即使自己的力量小，如果隨遇而安，偶然的力量就會推你一把。

心想「這也是一條可行的路」，讓心自由，歡迎偶然的際遇。

66

工作結束時，寫下明天的待辦清單

有的人按部就班，節奏明快地處理工作，相對地，有的人拖拖拉拉，工作遲遲處理不完，兩者之間的差異主要有兩點：

「不知道該做的事」及「不知道優先順序」。

工作處理不完的人，「下決定」要花時間。從一早就要花時間思考「今天要做什麼」，結果先做一些優先順序低的事，像是檢查郵件、看文件，使得重要的工作永遠都做不完。

為了避免變成這種情況，建議在工作結束時，先準備好「明天的待辦清單」，放在辦公桌上。因為那一天的工作流程、一週的工作分配等一目瞭然，所以也會清楚知道隔天要做的事。隔天早上就能夠馬上開始工作，開工時間應該會相差一小時以上。

我為了提升自己的工作產能，試過各種方法，結果發現了有效率的「艾維利時間管理法（The Ivy Lee Method）」：

①寫下明天該做的事（六項以內）。

②寫下待辦清單之後，按照優先順序，標上一、二、三等編號。

③隔天按照順序，進行工作（當下只專注於那一項，直到完成）。

④即使當天無法全部做完，也暫且先忘得一乾二淨。

⑤工作結束時，重新寫下「明天要做的事」。

⑥反覆第①項到第⑤項。

即使是懶散的人，也能透過這份簡單的「機制」，來完成譬如管理待辦清單和日常行程等工作。因為壓力小，應該容易變成習慣。

如果變成規則，就能將下決定的能量用於生產。

67

意識「為何要做這件事」的目的

我想，聰明的工作者和笨拙的工作者之間的決定性差異，或許在於是否意識到「為何要做這件事」的「目的」。

舉例來說，假設某間商店，上司委託「陳列商品」。少根筋的人會按照上司的吩咐，將商品擺得整整齊齊。看似妥當，但是可能會做出搞錯重點的事，像是邊算數量邊陳列——慢吞吞地，或者防礙到客人拿取商品。

但聰明的人會心想「陳列商品是為了讓客人一目瞭然，方便購買」，先釐清「目的」。接著，再想「為了那個目的，該怎麼做」，去思考「方法」。陳列商品時，以客人容易拿取的方式擺放，並將最推銷的商品放在最前面。如果客人上門，又能馬上變身成銷售員。

有否意識到事情的「目的」，行動就會不一樣。

開會時、製作資料時、辦活動時、購物時，如果先掌握目的，就會知道「什麼是必要的事」、「什麼是不必要的事」，展開行動時能夠不在意多餘的事，更容易達成。

沒有意識到目的的人或許會「因為別人這麼說」、「因為大家那麼做」、「因為有前例」、「憑感覺」，處於停止思考的狀態。

習慣意識到目的的人在人生中，縱然不太清楚，也會隱約意識到「我想過這種人生」，像是工作方式、生活方式、使用時間的方式、來往的人等，應該都會配合目的選擇。

看不見目的的人或許處於將人生的方向盤交給別人的狀態。

擁有目的是自主行動、自主生活。

如果意識到「目的」，就會知道「方法」無限多。

68

事先喬好不偷懶

說到事先「喬好」，彷彿給人一種私底下行動、逢迎拍馬的負面印象，但是工作能力越強的人，越認為事先喬好是工作程序的一部分，願意為此花時間。

明明在會議中提出好的方案，但是遭到反對；試圖做新的事，但是被挑毛病……諸如此類的事情發生，或許就是小看了「事先喬好」。

某位男性想要申請育嬰假，但是遭受上司和同事的嚴重指責，說「我沒有聽說那種事」、「你身為人夫，非請假不可嗎？」，被人扯後腿。倘若事先能向同事們說明原委，或者針對請假期間的工作討論，確實地事先喬好，說不定就會獲得眾人支持。

事先喬好是指，事先獲得「認為自己也是相關者」的人同意。

若是疏於事先喬好，沒有事先詢問對方，事後對方經常就會鬧彆扭，站在反對的一方。任誰都希望別人尊重自己。事先喬好是「工作程序」的一部分，也是對人的「體貼」。

在會議中提出某方案之前，找上司和關鍵人士討論，詢問「您覺得這個如何？」，也是一種事先喬好。一對一交談，容易獲得理解、贊成，此外，和你討論的人也身為「當事人」，一起思考，所以會成為可靠的夥伴，方案本身也會變得更好。

事先和家人、身邊的人喬好很重要。有時候只是因為沒有事先說一句「我要做○○」，就演變成吵架，或者對方不肯協助。

站在對方的立場，思考「對方怎麼想？」，是事先喬好的基本。

事先喬好不偷懶的人也會重視及感謝身邊的人。

事先喬好，是工作與人際關係的潤滑劑。

69

不害怕拜託別人

越是成果斐然的人，越會說這種話：

「我沒有做什麼了不起的事，我都是仰賴身邊的人。」

相對地，遲遲無法發揮自己能力，或者工作永遠做不完的人，會感嘆「為什麼自己的工作那麼多」。

我原本也是無法拜託別人的人，所以我懂他們的心情。心想「拜託別人會給人添麻煩」、「不可以依賴別人。如果努力的話，應該做得到」，凡事設法一個人做。

但有一次，資深同事對我說：

「那是你太高估自己的能力。你花三小時也做不好的事，有人三十分鐘就能做好。你要更信任別人，你要學會拜託別人。」

確實如此。若是認為自己一個人做不了大事、身邊有人做得到時，就應該坦然尋求他人幫助。甚至那些自認為「只有自己才做得到」的事，若是教別人做法，有時候別人比自己做得更快、更好。

於是，放手委託別人自己不擅長的，不但自己的時間變多，更能夠專注於拿手的事，多些時間安排行程。

不擅長拜託別人的人，不妨從「我想拜託你協助完成……」、「這是你擅長的事，所以我想拜託你」、「如果你有空的話，我想拜託你……」這些方式開始。

相互交流、互相幫忙的過程中，會漸漸形成互助的團隊。

「拜託別人自己做不到的事」的習慣能夠讓工作更合理化。除了能發揮各自的能力之外，也能建立值得信賴的人際關係。

若是互相幫助，自己的時間就會變多。

70

先將「玩樂」的預定計畫排入行程

若是被人問到：「工作重要，還是玩樂重要？」，大部分的人應該都會回答：「當然是工作。」因為生活建立於工作之上。那麼，「如果有一個月的空閒時間，你想工作？還是想玩樂？」除非是令人相當熱衷的工作，否則大多數的人應該會回答「玩樂」。不，越是熱衷於工作的人，「玩樂」越重要。包含休息在內，有放鬆的時間，才能以新鮮的心情，做好工作。

人們經常舉出的「臨死之前後悔的事」，包含「要是沒有那麼拚命工作就好了」、「要是做自己想做的事就好了」。為了度過滿意的人生，「玩樂」是一件非常重要的事。

儘管如此，即使確實地擬定工作的預定計畫，玩樂的預定計畫卻容易遭到輕視，假如有時間、假如有錢的這類想法，常常阻礙了計畫，遲遲無法執行的人何其多。

真正工作能力強的人重視玩樂，所以會先將玩樂計畫排入行程，除非有相當重要的理由，否則不會更動。

我一位非常忙碌的朋友，每年都會執行一個習慣，在年初擬定兩次長假的旅行計畫，並預訂好票券，在這兩段預定假期不會排入其他計畫。

我也會先在幾個月、幾週前，先將「我想執行這件事」的預定計畫排入行程。於是，我無論如何都會設法完成工作。

而且，光是心情雀躍地想著「有那個預定計畫」，就具有「開心度過每一天」的強大效果。

若是想要過著不後悔的生活，一定要有玩樂的時間。

若是先預排好玩樂的時間、休息的時間，工作也會變得充實。

71

拿出來的東西，用完馬上收好

一天當中，沒有比花在「尋找東西」更浪費時間的了。

想要使用文件、便條紙、筆、剪刀、眼鏡、名片夾時，若是找不到，除了工作中斷之外，還會煩躁地無法專注，或者因此而犯錯、重做。說不定要外出時，也會為了要尋找東西而差點遲到。

我的一位朋友是整理高手，他教我的「不必尋找物品的方法」，有三個重點：

①事先決定物品的放置處。
②使用物品之後，馬上收好。
③將常用物品放在方便拿取的位置。

明明知道只要做這三件事，但是卻往往做不到——這就是人性。「不知為何，總是在找東西」的人，會忍不住嫌麻煩，連「每次」花不到一分鐘的整理都做不到，隨手就將物品放著。

將上述三點養成習慣的人會說：「這麼做最輕鬆。」，幾乎不用再為了維持整齊的狀態，另外花時間做大整理，以及找東西。少了「必須整理」這種小壓力，就能夠更專注工作和做家事。

除此之外，購物回來之後，馬上放在冰箱和櫃子等固定位置；郵件和收據順手拿到時就馬上整理。如果發現不用的物品，馬上丟棄；如此便會自然地逐漸養成「每次隨手整理物品」的習慣。

如果想要有效率地工作和做家事，就必須好好整理。

整理是節省時間的第一步。

72

總是保留一點餘力

比起竭盡全力，保留一點餘力才是持久的祕訣。

真正發揮能力的人，看似全力以赴、總是拚命，其實還保留著兩到三成的餘力——人能夠努力的能量是一定的。

我曾經連續好幾天，從早上工作到凌晨。然而，一旦工作的時間變長，專注力就會間斷，產能下降。每天筋疲力盡地回家之後，什麼事也不想做，只是睡覺。大多數的同事短則幾個月，頂多二、三年，就哀嚎「撐不下去了」，得了倦怠症，離開職場。我也曾工作到弄壞身體——那幾年幾乎整天工作，被迫犧牲了許多重要的事。

年輕時，很難按照自己的步調工作，常常硬撐。然而，這種硬撐是在預支身體的本錢，十年、廿年後，身體一定會向你連本帶利地討回來，讓你付出各種代價，像是身體不適、職場生涯中斷等，讓你後悔——早知道就不那麼做了。

慢跑和學習語言等日常習慣，也要在約莫做到百分之八十的時候先暫停，讓下一次「還可以再努力一下」——這是持之以恆的訣竅。若是使出百分百的力量，縱然當下爽快，隔天想再努力，也會提不起勁。

某位知名作家縱橫文壇幾十年，創作了多本暢銷書，他每天寫相同分量的稿子，無論再想繼續寫，也會到此打住，明天再繼續。

工作、學習、嗜好、做家事、育兒，大部分的事都不會一天就結束。比起總是竭盡全力，保留餘力持續下去，更能以有「精力」和「體力」的狀態努力，日積月累下來，變成「能力」。

為了度過精力充沛的每一天，必須稍微保留餘力。

即使有能力，如果沒有精力、體力，就不能發揮能力。

73

失敗之後，就會發現下一個「希望」

如果可以，我們都不想要失敗。

不想在工作上犯錯、不想在戀愛和婚姻中失敗、不想蒙受金錢損失，也不想丟臉或被斥責。

然而，不管再怎麼小心謹慎的計劃、如履薄冰地生活，任誰都會有失敗，時而被推落谷底的心情。那種時候，責備自己、怪罪別人……

愁眉不展、看不開的人，更容易因為失敗的打擊而完全喪失自信。

快速重新站起來的人，無論如何都會盡快發現下一個「希望」，邁步前進。如果在工作上犯錯，就心想「下次一定要成功！」；如果失戀，就心想「下次一定要找到更好的情人，獲得幸福！」。

即使反省，也會心想：「我才不後悔！」

據說科學家會失敗好幾百次，才成功獲得一項成果，但是如果有「希望」，所有的努力都不是「失敗」，而是為了達到成果的「過程」。
於是，事後回想，會覺得失敗是珍貴的資產。

失敗的優點在於，想要失敗也未必能夠失敗——那或許可說是難得的事（難以發生的事）。

任誰都不想吃苦頭，但痛苦是成長所不可或缺的。
如果有失敗，會令人深刻地學習、深深地感動。
為了豐富人生的劇本，就要歡迎失敗，予以接受，勇往直前。

不是失敗，只是在學習。

74

如果迷惘，就返回「原點」

走山路迷路時，若是不斷試圖前進，就會誤闖迷宮。先返回原本的地方才是基本做法。

工作和生活也是一樣，當你心生「咦，我想做什麼？」、「這種做法好嗎？」等念頭，感到迷惘時，「返回原點」的習慣會幫助我們。

反之，此時若想做新的事，就會不斷偏離正軌。

「返回原點」是指，返回初心和基本做法。

舉例來說，想讓一項企劃成功時，若是在意預算、體面和身邊的人的目光等，往往會無法前進，或者改變了方向。此外，工作、結婚幾年之後，每天忙得像顆陀螺，疲於人際關係的摩擦，有時候也會完全迷失自我。

太過講究細節，反而看不見整體。

那種時候，若是想起最一開始的「話說回來，我為什麼想要做這個？」、「我想變成怎樣？」這種初心，或許就能聯想到「哦——原來如此」，清楚看見該前進的道路、該做的事。

試著返回原點比開始新的事更重要。

想要開始某件事時的心情，是最純粹簡單的事物本質，它會告訴你抵達想去的地方的最短路線。

如果迷惘，就試著去思考「我想做什麼？」、「我想變成怎樣？」，返回初心。

只要有這個路標，無論發生什麼事都不要緊。即使有不順遂的事，也能夠再重新來過，而且能夠抵達衷心滿意的地方。

如果返回初心，也能拾回謙虛。

75

姑且思考最糟的情況

想要做某件事時，基本上，想像最順遂的同時，也必須姑且思考「萬一出了差錯，發生最糟的情況……」。

重點在於「姑且」，因為如果只設想最糟的情況，就會被它牽著鼻子走。

舉例來說，有時候自以為做了完美的提案，周遭的反應也很好，幾乎就要順利結束時，最後陰溝裡翻船。若是事先姑且就想到「搞不好會變成那樣」，做好心理準備，受到的打擊就會減輕。同時，為了避免變成那樣，就會和相關人士事先喬好，在最後關頭也會全力以赴、不敢鬆懈。

不過，更重要的是姑且思考「最糟的情況」，掌握這種最後的王牌，就能盡情「挑戰」。

如果預先思考「變成這樣時，這麼做就好」的沙盤推演，就不會感到害怕。

不可思議的是，若沒有預先好好思考「最糟的情況」，心裡就會出現「會不會失敗？」、「假如不順利，怎麼辦？」等念頭，受到莫名的不安折磨，甚至下意識地失敗。

但如果心中擁有自己最後的王牌，像是「失去工作時，就這麼做」、「變得孤獨時，還有這條路可走」，就能挑戰想做的事、說出想說的話，不會被逼得走投無路，站在絕望的深淵。

設想最糟的情況，是保護自己，也是走自己的路的習慣。

如果設想「最糟的情況」，就一點也不會害怕。

CHAPTER 6

改變使用時間的方式，打造幸福時光的習慣

76

將生活的優先事項縮減至三個以內

現代人真的很忙。過著社會生活，覺得非做不可的事是一個接著一個——要做好工作、陪伴家人、與人交流、學習、運動、注意穿著等，若將這些眾多事項塞進一天的預定行程裡，或許會覺得很「充實」。

然而，要不要告別「充實生活，把時間填滿」這種價值觀和使用時間的方式了呢？

什麼都要的態度乍看之下，顯得多彩多姿，但實際上，倘若每一件事情只蜻蜓點水，內心殘留不滿足，應該會感到疲累。

更重要的是，囫圇下來，會不知道真正重要的事是什麼。

與其那樣，不如將「對自己而言，重要的優先事項」縮減至三個以內，剩下的事——差不多就好——放下它們，比較能夠感受到幸福。

我們覺得「非做不可」的事，其實大多是「不做也沒關係」的事。

與其增加要做的事，不如減少不要做的事，深入去做需要做的事，這樣才會形成「自己重視什麼而活？」這種中心思想，也能獲得充實感、滿足感。

放下的事並非會永遠消失，只是當下想要重視自己認為更重要的事。

有的人認為「嗜好最重要，其他的事差不多就好」，有的人認為「我要邁向夢想而活」、「家人第一」；能夠確實瞭解自己的重要事物是什麼的人，看起來幸福又有魅力。

透過縮減優先事項的習慣，能夠更重視人生的時間。

人生中最重要的技能是，縮減重要的事的能力。

77

將「非做不可的事」變成「想做的事」

做非做不可、但其實並不是很想做的事，會令人心情沉重，需要非常多的能量支撐，甚至會覺得時間漫長。

如果心中想著「我討厭這段時間」、「時間快點過去！」來度過時間，是非常浪費的使用時間方式。像是工作、家事、與人來往、學習等，若是心想「我不想做――」，自然不會投入心力，而且做得草率。因為不順遂，所以變得越來越討厭，結果產生惡性循環。

我也有討厭的事、不擅長的事，我大多會將它們視為「可以不做」的事，像是製作請款單、去郵局、用吸塵器打掃等這些「非做不可」的小事，在生活中會不斷出現。

但當我內心消極時，我會更用心做事。舉例來說，若是心想「既然要做，就做得完美」，製作文件時，就會漸漸變得認真，專注其中。

完美的完成之後，會有一點滿足感。

我有時候也會心想「試看看能不能十五分鐘完成！」，打開計時器，以玩遊戲的感覺做事。必須去郵局時，心想順便也去一下附近好吃的麵包店；必須用吸塵器打掃時，心想房間變乾淨之後，心情應該很好；藉此發掘生活中小小的愉悅和喜悅。

如果一心只想著辛苦的事、痛苦的事，心情永遠沉重。設法找到開心、愉快這種「快感」投入的話，「非做不可的事」就會變成「想做的事」。

「讓自己的心情變得積極」的習慣，會打造幸福的時光。

如果凡事用心做，就會感到愉快和有趣。

78

不說「沒有時間」

我會盡量避免說「沒有時間」這句話。

因為一旦說出這樣的話，就彷彿在說自己「沒有管理行程的能力」。當然，有時候時間緊迫，所以不做優先順序低的事。然而，如果強烈地「想要做這件事！」、「想要見這個人！」，我一定會執行。

不要認為「因為沒有時間，所以做不到」，而是要心想「在沒有時間的情況下，該怎麼做才好？」——總有辦法擠出時間。

前幾天在工作一大堆的情況下，有機會和一直敬仰的人見面，我盯著記事本，心想「總有辦法擠出時間」，拍膝決定；傍晚抵達台灣，隔天早上回來。雖然做了這種亂來的事，但是覺得「幸好去了！」，內心充滿著滿足感。我想，這種經驗會成為一生的資產。

我從前有時候也會有心裡想著「沒有時間」，而去延遲想做的事。但若是仔細去觀察忙碌的人，他們會忙裡偷閒的玩樂、持續努力學習、踏實的致力於某件事，他們不會這個也做、那個也做，亂無章法的努力，而是弄清優先順序，找出即使是在有限的時間內，也有方法做得到的方式。

我的一位朋友忙於工作和育兒，卻利用搭電車的通勤時間學習，取得了幾張證照。升學率高的高中的體育社，練習時間通常很短，卻贏過許多花很多時間練習的強校，那是因為他們想出了在有限的時間內，有效練習的方法。

上天平等給予每個人一天二十四小時的時間。如果說「因為沒有時間，所以無法玩樂」、「無法學習」，喔，那——人生也就結束了。

說「因為沒有時間，所以做不到」的人，即使有時間也做不到。

79

設定關閉電視和手機的時間

我的一位朋友是占卜師，長年替許多商務人士占卜，他發現成功者的共同點是「不一直開著電視」。時間就是金錢，他們清楚知道，一直開著電視是一個多麼危險的行為。

打開電視是一種下意識的習慣，因為能夠當作背景音樂，不會感到寂寞、能夠獲得資訊。但是，一旦打開開關，是否就遲遲關不掉呢？

理應如此。因為電視節目是聰明的製作團隊們絞盡腦汁，思考「該怎麼做才能讓觀眾長時間盯著電視」所製作出來的。

最近，手機的App和社群網站或許更危險，它們提供使用者尋求的事物和樂趣，所以會上癮，讓人沉迷，沒完沒了。

許多人不知不覺中被電視和手機——不，是它的製作者們控制，沒有意識到重要的人生時間一直被奪走。

而且，流入的資訊越多，為了處理它們，大腦就越累。

請試著離遠電視、手機一到兩小時的時間。

一開始會有點浮躁，但是應該馬上會感覺到「時間變多了」。接著，注意力會轉向重要的事，像是與家人對話、品味餐點、閱讀等，不再是被動地處理流入的資訊，由自己感覺、思考、察覺的情況會越來越多。

此外，如果能夠養成「只看決定要看的」、「只在自己規定的時間看」這種習慣，就能拾回多到驚人的時間——能夠拋開「浪費時間」這種罪惡感，重新拾回自己。

使用時間的方式中，重要的是自己掌握時間的韁繩。

時間的主人是自己。日常就要自主去選擇使用方式。

80

提早十五分鐘行動

外出時，母親的口頭禪是「路上小心。匆匆忙忙的話，會受傷唷」。我很少受傷，但是吃過的苦頭卻是多到數不清。

像是和人約碰面快要遲到而匆匆忙忙，不小心搭上反方向的電車；在車站的月台磨磨蹭蹭，被人怒罵「擋路！」；讓等待的人等到不耐煩，落得只得掏腰包緩頰請客的下場……。時間緊迫之下，往往容易發生不好的事。

「時間緊迫」，會讓開心的自己、溫和的態度、幸福等舒適的內心狀態遠離。如果時間從容，心情也能隨之從容。

在職場上，如果時間從容，就能事先確認工作內容，防止疏失，倘若不慎，也有餘裕能夠補救疏失。

如果時間從容，就能仔細觀察身邊的人，發現對方心裡不好受時，給予安慰……。

人們會自然聚集到內心從容的人身邊。

「迅速行動」、「提早行動」，是打造餘裕時間和內心從容的關鍵。如果提早開始行動，就不會手忙腳亂，能夠準確且優雅地行動。

有「拖到最後一刻才行動」這種壞毛病的人，更應該要時刻提醒自己「提早一些」。像是提早十五分鐘抵達目的地、提早三十分鐘開始工作、在截止期限的幾天前提交。提早預訂餐廳和票券……。

大大誇獎自己「提早行動，心情好！」、「我能夠提早完成，真了不起！」，增添自信，養成提早行動的習慣。

只要時間從容，就能拾回開心的自己和溫和的態度。

81

細分時間，打造自己「專注的時間」

任誰應該都會有「分心，無法集中精神」的狀況。

話說回來，人類好像不擅長持續集中精神——自古以來，為了避免危險，得隨時注意各個方面，所以也難怪。因此，當想要「集中精神」時，必須下一番「巧思」、創造一個情境，讓自己專注。

我為了專注於寫作，嘗試過在沒有外來干擾的半夜寫作、在飯店或咖啡館寫作等方法，但是這麼一來，時段和地點就會受限。

於是，我採取的習慣是「細分時間，只專注於一件事」。

如此一來，就能隨時隨地打造出能夠專注的時間。舉例來說，像是「接下來三十分鐘，寫〇〇的文章」、「看書十五分鐘」、「做伸展十分鐘」，每次決定「現在只做這件事」、「不做任何其他事」。

使用這個方法時，可以搭配廚房計時器這個小道具（如果沒有的話，也可以使用手機的計時器等），感受時間一分一秒流逝，保持適度的緊張感，能夠專注到時間到為止。

當然，腦海可能會不時浮現「對了，還沒做那件事」等雜念，但要先將它寫在便條紙上，推遲它，待會再做。接著，休息五到十分鐘，反覆進行每一小段的專注時間即可。

重點是將時間細分成五至五十分鐘（有一種說法是：專注二十五分鐘，休息五分鐘，這樣專注力最能持續），即使還想繼續做，也一定要休息。只要這麼做，就有極大的效果。我的外甥女是個小學生，回家作業永遠寫不完，這個方法套用在她身上之後，自此便能夠專注幾小時。

集中精神，陸續完成每一件事，能夠有效地縮短時間。

82

假日騰出「可以什麼事都不做」的時間

我曾經問某國的副總統：「妳做什麼事情時，感到最幸福（快樂）呢？」

我以為她會回答「因工作〇〇時」等答案，但是她說：「假日在家裡休息時。很意外嗎？我會做菜、看書、和家人聊天，也可以什麼事都不做。人除了積極行動的時間之外，也需要放鬆身心的時間。」

我先是感到驚訝，但是重新思考之後，我接受了這個答案。

我身為自由工作者，即使決定「今天放假」，也會想著必須要打掃、必須去健身房、必須要去看場電影什麼的，塞進行程，結果搞得自己很忙。如此一來，無法消除疲累——那麼究竟是為了什麼而放假呢？

之所以只認為「做事」才有價值，認為「什麼事都不做」是在浪費時間，那是因為不明白休息有多麼重要啊。

現在的我，基本上，假日什麼事都不做。即使排入行程，也最多兩件。自從我自我制訂「如果有兩天休假，其中一天要在家裡休息」的規定後，工作更能集中精神。

「什麼事都不做」的時間是解放身心的時間。

在這樣放鬆的狀態下，腦海中會浮現意想不到的創意，也會對生活中微小的事物感到幸福。

可以在家裡閒著，也可以放空度過時光，如果心血來潮，也可以出門走走。放下「必須做——」這種念頭，坦然順從自己的心情去行動即可。

「什麼事都不做」也具有重大的意義。

83

決定不做做不到的事

某位高齡女演員曾在談話節目中笑說：「我完全不做菜，家裡也沒有菜刀。所以別人送我西瓜時，我很困擾。」

做人如此爽快、有話直說，真的要給她一百分。她之所以神采奕奕，大概是因為壓力少，做自己想做的事。

學習語言、嗜好、與人交際時，我們常說：「就算想做，也做不到……」可是，若是就此擱置想做的事，是否就會殘留餘情未了的心情？

這時最好再想一想，那是不是你打從心裡想做的事？

如果是對於自己而言「重要的事」，就必須排除萬難，擠出時間。

大部分優先順序低的事情，都是「可以不必做的事」，既然如此，將事情劃分成決定「不做」的，以及決定「現在不做」兩類，就會比較輕鬆。不必在有限的時間內增加工作，也無須執著於不擅長的事，浪費時間。

一旦決定不去做「做不到的事」，說得誇張一點，自己的人生就會開始運轉——專注於「自己做得到的事」，逐漸形成自己的生活重心。獲得周遭認同的機會會增加，彼此也能開始互相仰賴。

在商業、體育和藝術等發揮優異才能的人們，都不會去做自己做不到的事，而是追求「自己才做得到的事」。

重要的是，你必須確立「放下做不到的事，做做得到的事」這種想法，如此，內心的千頭萬緒就會化繁為簡，變成自己獨一無二的強大力量。

成年人能夠自己選擇「要做的事」和「不做的事」。

84

用心玩味每天反覆的時光

從前，我每天過著從早工作到晚，回家只是睡覺的生活。我好像被時間追著跑，用餐狼吞虎嚥，十分鐘左右就解決，洗澡也是洗戰鬥澡，工作卻怎麼做也做不完。我心想「這種生活會永遠持續嗎？我何時能夠獲得幸福呢？」，彷彿身在看不見出口的隧道。

然而，現在回顧當時，姑且不論好壞，我會覺得那樣也不錯——拚命工作，日子過得很充實。

只不過，因為年輕，所以當時完全沒有意識到這一點。許久之後，我才明白——幸福不是靠獲得，而是靠「察覺」。

假如能夠對當時的自己說話，我會說：「珍惜人生，用心玩味每天反覆做每一件事的時光。」

像是早上起床時，看到燦爛的陽光而感到喜悅；下廚時，樂在其中；用餐時，感受「美味」，享用餐點；洗澡時，泡在浴缸裡，洗去身體的疲憊；睡覺時，帶著幸福的心情入睡……。

無論是用心玩味，或者草草結束每一件事，花的時間都差不多。

不因為特別的事發生而感到幸福，而是因為每天反覆的事而感覺到幸福——我想，沒有更幸福的生活了。

不要思考多餘的事，人生可貴，只要享受、用心玩味眼前的事，平凡無奇的日常生活就會變成奢侈的時光，內心多些從容。

發現日常中的小幸福，正是一種笑著生活的「智慧」。

仔細品味每一分、每一秒，人生就會變得細緻又溫馨。

85

比起得失，要將「心情愉悅」做標準

我聽說前幾天，某位結婚的女演員說：「比起『是否喜歡誰』，『是否喜歡和某個人在一起時的自己』似乎更重要。」我茅塞頓開，覺得這句話說得真好。

或許也有人會認為「喜歡對方很重要吧？」然而，這是我個人的解釋，我覺得她的那句話中沒有半點依賴的心態：並非因為「這個對象很好」，而是因為「這是（他是）我自己想要的」。

若是和那個人在一起，「能夠變得坦然」、「能夠成長」、「覺得自己這樣就好」，內心充滿滿足且幸福的話，自然也會想要讓對方幸福。

使用時間的方式或許也有類似之處。

「是否喜歡做什麼事情時的自己」，在做什麼事時，若是將自己的心情愉悅與否作為選擇標準，應該就容易感到幸福。

將時間用在在意得失、競爭、社會輿論、他人的看法等，未免浪費。

即使住在再美的豪宅，過著人人稱羨的生活，但若是爭吵不斷、無法做想做的事，應該也稱不上幸福。

即使沒錢、孤獨，但是無論別人怎麼說，覺得自己在做自己想做的事、心情愉悅的事，那就是幸福。

自己想做的事當然不會全然是百分之百心情愉悅的事，也會有痛苦的事，儘管如此，還是有令人陶醉的爽快、快感，所以才做。

如果面對自己的內心，自問「做這件事，是否心情愉快？」、「能否喜歡自己？」，就能珍惜使用重要的時光。

自己的內心總是路標。

86

想做的事要馬上做

我之所以認為想做的事最好盡量馬上行動，是因為「想做的事」有「新鮮度」。

今天想做的事情到了明天，說不定就變成了不想做的事。

可能會有人吐槽「既然那樣，別做不就得了」，但是這麼一來，就少了一個「做了想做的事」的「快感」。

「想做的事」是指，自己當下覺得必要的事。

舉例來說，想看某一本書時，大概是因為那本書中，有滿足自己欲望（需求）的內容。若是心想「之後再看」而擱下它，即使哪天想起來再看，也忘了當時瞬息的欲望，所以內容不太會進入腦中。

心裡想著「改天去旅行」、「將來要孝順父母」、「哪天有空學習〇〇」，在這些延後行動的過程中，它們可能變得無法實現，精力和體力也盡失。

如果可以的話，就要盡快去做，能夠獲得更多的「快感」。收集那種快感而活，正是一種「充實的時光」。

不過有時候，正因為要花一些時間才能實現，所以可貴。像是「慢慢醞釀，終於實現了」、「終於變成了能夠做的狀況」等。

用熱情持續的事物，你花越多時間，喜悅和感動也越多。

如何看待人生的目的，因人而異，不只實現想做的事是目的，朝向實現想做的事這個目標，忘我的度過時光這件事本身，或許也是人生的目的。

忘我奔馳在人生大道上的人很幸福。

87

為了某個人使用時間

某位男性曾說：「男人常一副施恩於人的態度說『我每天為了家人努力』，但事實並非如此。男人是因為想要別人認同自己，或者想要對別人有所幫助，所以工作。話說回來，養家也是因為想要那麼做。」

確實，不可能有百分之百為了某個人的時間，我們無法單純切割「為了自己的時間」和「為了某個人的時間」。心裡認為「我為了那個人做了這麼多」、「我至今按照父母的期望而活」、「我至今為了公司而工作」的人，八成認為犧牲了「自己的」時間。

然而人生的所有時間都是「能夠自己選擇的自由時間」。至於要如何使用，端看每一個人。若是認為「不，沒有那種自由」，或許就會遭到「必須做——」這種咒語束縛。

即使是「為了某個人的時間」，如果認為是「自己」想那麼做，那麼就會變成「為了自己的時間」。如果沒有這種念頭，那會淪為任人擺布的時間——認為是「為了某個人」，而拋下自己的心情不管，最後導致身體吃不消。

相對地，如果只有「為了自己的時間」，內心也會感到空虛。人經常是為了某個人，所以才努力——無論是工作、製作餐點、擬定遊玩計劃，如果一心想著「我想要看到他的笑容！」，頓時就會精神百倍。

對別人有所幫助、得到別人認同，也能獲得安心感和幸福。雖然也需要為了自己的時間，但是如果擁有覺得「某個人開心，就是自己的幸福」這種時間，或許就會獲得更大的幸福。

「想要看到他喜悅的表情」這種想法，會使自己成長。

88

意識到「上天賜予的人生時光」

我的一位重要朋友辭世了。

她沒有家人。據說去世的幾個月前，主治醫師對她宣告：「妳還剩下二至三個月能夠活動，請趁現在去見想見的人、去想去的地方。」

當時，她笑著說：「就算你現在沒這麼跟我說，我也一直理所當然地那麼做。」按照她一如往常的生活方式，度過了最後的人生時光——做想做的事，不做不想做的事；見想見的人，不見不想見的人；重視自己喜愛的世界；做能夠為了別人而做的事。

住進安寧病房之後，她因求知而看書；和來探病的朋友暢談、開懷大笑；斷捨離整理自己的物品；然後與世長辭。

她沒有哀嘆自身的不幸，而是由衷欣然接受「現在的幸福時光」。或許是因為她在十幾歲、二十幾歲時生過大病，總是意識著人生短暫。

人們常說「剩餘時光」，但其實是「上天賦予的人生時光」。話說回來，誕生於世，活著本身就是奇蹟。

習慣意識到「上天賦予的時光」的人和完全沒有意識到這一點的人之間，度過時光的方式自然截然不同。如果意識到生命是「上天賦予的時光」，就會想要將時間用在真正重要的事情上，就不會憎恨別人、心懷後悔，而是從更高的高度，認真思考人生的劇本。

不會對將來感到莫名不安，而是坦然面對人生時光。

這樣的人，無論擷取哪一個時間點，都會以「度過美好時光」的方式生活。

知道「時間有限」的人很堅強。

國家圖書館出版品預行編目(CIP)資料

練習好心情：讓人際關係和工作都順遂的88個小習慣/有川真由美著；張智淵譯. -- 初版. -- 臺北市：遠流出版事業股份有限公司, 2021.11

面； 公分

譯自：いつも機嫌がいい人の小さな習慣：仕事も人間係もうまくいく88のヒント

ISBN 978-957-32-9288-3(平裝)

1.修身 2.生活指導

192.1 110014546

練習好心情

讓人際關係和工作都順遂的88個小習慣

いつも機嫌がいい人の小さな習慣：仕事も人間関係もうまくいく88のヒント

作　　者——有川真由美
譯　　者——張智淵

主　　編——許玲瑋
編　　輯——林　茜
中文校對——魏秋綢
封面設計——兒日設計
內頁版型設計——口米設計
排　　版——立全電腦印前排版有限公司

發 行 人——王榮文
出版發行——遠流出版事業股份有限公司
地　　址——104005 台北市中山北路一段11號13樓
電　　話——（02）2571-0297　　傳　　真——（02）2571-0197
著作權顧問——蕭雄淋律師
遠流博識網 http://www.ylib.com

ISBN 978-957-32-9288-3　　定價320元
2021年11月 1 日 初版一刷
2023年 3 月30日 初版四刷